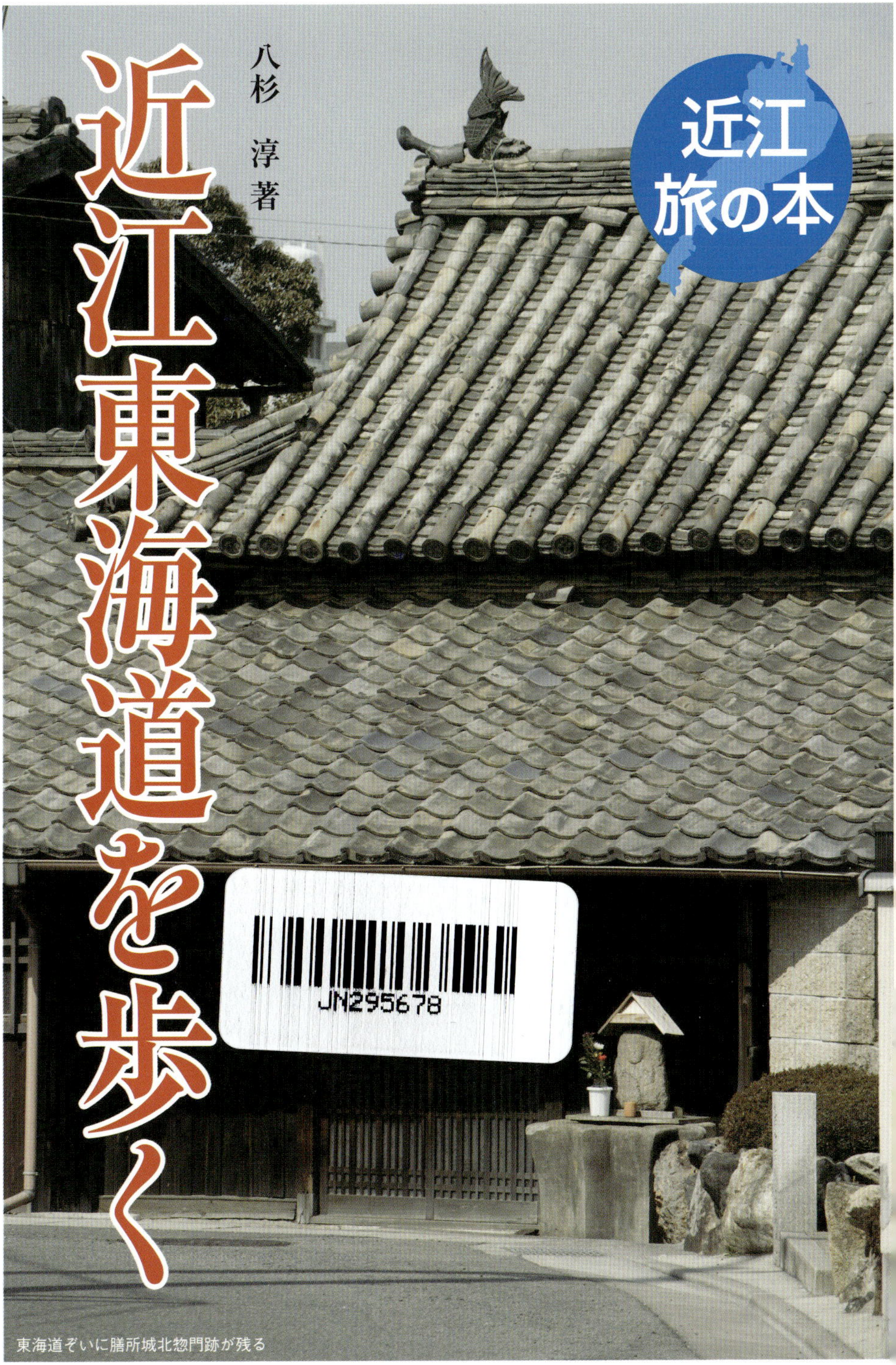

近江
旅の本

近江東海道を歩く

八杉　淳　著

東海道ぞいに膳所城北惣門跡が残る

旅人は京三条大橋から逢坂峠を越え近江へ
大津宿札の辻を経て、芭蕉が眠る義仲寺
瀬田唐橋、唐金擬宝珠、水に映るは膳所の城
草津宿本陣を過ぎると、東海道は中山道と分岐する
さらに旧和中散本舗、石部宿を経て
水口宿、土山宿、そして鈴鹿峠へと続く
近江東海道は、大津、草津、石部、水口、土山の
5宿をたどって「江戸」へとさかのぼる道である

甲賀市水口町泉に建つ東海道最大規模の常夜灯

CONTENTS

目次

近江東海道を歩く

コラム

散策ガイド

資料編

東海道と近江

東海道は江戸時代の五街道のひとつに数えられ、なかでも江戸と京都・大坂を結ぶ主要街道として位置づけられていた。東海道が整備されたのは慶長６年（１６０１）で、徳川家康が関ヶ原合戦で勝利を収めた翌年である。江戸から京都まで１２６里６町１間《けん》（約４９５㎞）に宿駅を設け、荷物を継ぎ送るための伝馬《てんま》を置いて、伝馬制を確立させた。

近江では、水口《みなくち》宿に慶長６年正月付けの「伝馬定書」（甲賀《こうか》市水口歴史民俗資料館蔵）が残されており、36人・36疋の人馬の常置と、隣宿である土山、石部《いしべ》への継ぎ立て、さらに人馬負担に伴う地子《じし》（土地代）の免除

五雲亭貞秀画『東海道勝景従白須賀京都迄一覧』（草津市蔵）

が下されている。このとき、土山、石部、草津に、また翌慶長7年（1602）に大津宿に、同様の「伝馬定書」が下され、近江の東海道に宿場が設けられた。

この東海道は、大名の参勤交代などに用いられた重要な道で、幕府の役人が大坂城代、京都所司代、長崎奉行などとして赴くときなどにも利用された。寛永年間には、参勤交代の制度が確立され、街道を定期的に往来する大名などのために、街道筋の宿場のすがたも整備され、いわゆる「東海道五十三次」が整った。ちなみに、文政5年（1822）『五街道通行之大名衆頭書』によれば、105家が参勤交代に東海道を利用していた。その大名の一行を迎えるために、各宿場では本陣、脇本陣、旅籠《はたご》屋などの休泊施設が設けられていた。

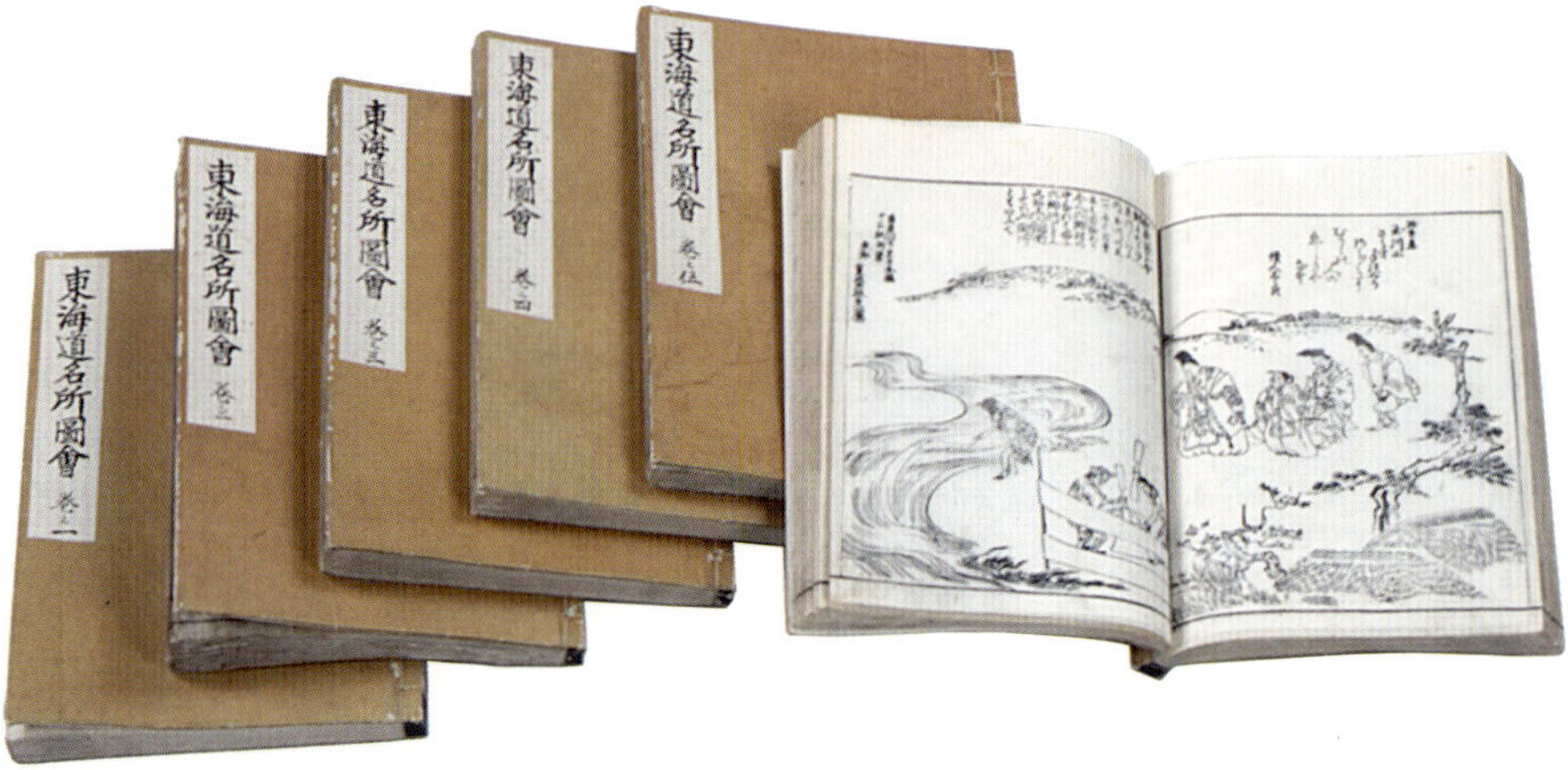

『東海道名所図会』６巻６冊（草津市蔵）

現在、近江では草津宿と土山宿に本陣が残り、当時の面影を今に伝えている。

　また、東海道を旅したのは幕府の役人や大名たちだけではなく、商用や信仰で旅する庶民の姿も多くみられた。東海道に残る道標などに「伊勢」の文字が刻まれたものが多くみられることからも、東海道が伊勢参りの道であったことがうかがえる。寛政９年（１７９７）に秋《あき》里《さと》籬《り》島《とう》が編んだ『伊勢参宮名所図会《ずえ》』では、京都から近江を経て鈴鹿を越えた関宿（三重県亀山市）までが東海道を取り上げていること、さらに草津宿の東海道、中山道《なかせんどう》の追分《おいわけ》に建つ文化13年（１８１６）の道標にも、「右東海道いせみち」と刻まれていることも、伊勢参りの道であったことの証である。

越前
若狭
美濃
丹波
山城
伊勢
伊賀
京都
伏見宿
中河内宿
北国街道
木之本宿
余呉湖
長浜市
郡上宿
伊部宿
北国脇往還
春照宿
藤川宿
玉宿
関ヶ原宿
海津宿
熊川宿
今津宿
高島市
河原市宿
琵琶湖
長浜宿
番場宿
醒井宿
米原宿
米原市
柏原宿
今須宿
北国海道
小松宿
犬上川（高宮川）
愛知川（恵智川）
高宮宿
鳥居本宿
彦根市
木戸宿
甲良町
多賀町
愛知川宿
豊郷町
和邇宿
愛荘町
日野川
野洲川
八日市宿
近江八幡市
衣川宿
中山道
武佐宿
御代参街道
東近江市
守山市
守山宿
野洲市
岡本宿
竜王町
石原宿
鎌掛宿
日野町
草津市
湖南市
大津宿
草津宿
石部宿
栗東市
東海道
水口宿
瀬田川
大津市
甲賀市
土山宿
坂下宿
関宿
亀山宿

近江の東海道と宿場

京から近江へ

東海道・西の起点から始まる旅

京・三条大橋

きょう・さんじょうおおはし

▽京阪三条駅・地下鉄三条京阪駅からすぐ

京都市

⬅歌川広重画『東海道五十三次・京師（保永堂版）』（豊橋市二川宿本陣資料館蔵）

三条大橋から追分道標

東海道、西の起点**三条大橋**を発った旅人は、一路東へ向かう。古くから京の七口の一つに数えられた粟田口《あわたぐち》（京都市東山区）から日の岡峠を越えて、山科、四宮を過ぎると近江へ。現在の大津市横木。道端に**「小関《こぜき》越《ごえ》」「三井寺《みいでら》観音道」と刻まれた大きな道標**が建つ。文政5年（1822）11月、江戸・京・大坂の定飛脚《じょうびきゃく》問屋の手によって建立されたものである。ここから東海道と分かれる小関越は、古代に万葉集にも詠まれた逢坂《おうさか》越《ごえ》を大関と呼んだことに対する名前で、西国三十三所観音巡礼十四番札所の三井寺観音堂への巡礼道である。

　小関越との分岐を過ぎて、さらに東海道を進むと国道1号を

⬆東海道と伏見街道の分岐と道標

横切る。西大津バイパスや名神高速の京都東インターもあり、現在の京都への東玄関口となっている。国道を横切って、太鼓《たいこ》櫓《やぐら》の門のある閑栖寺《かんせいじ》を通り過ぎると、右手後方から街道が合流してくる。この三叉路《さんさろ》に「みきハ京みち」「ひだりハふしミみち」と刻まれた**道標**が建つ。また一面には「柳緑花紅」と刻まれ、「法名未徹」と建立者の

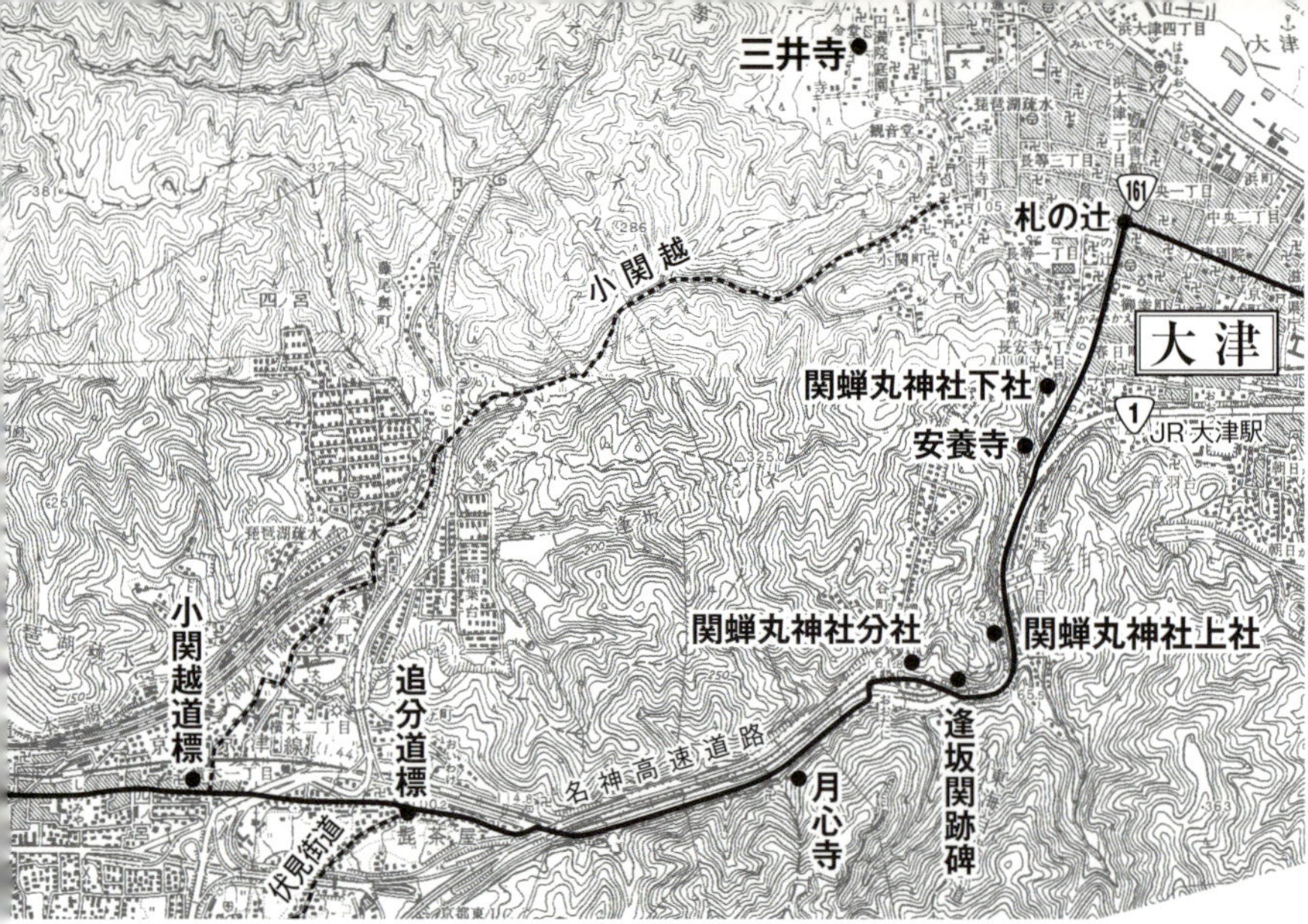

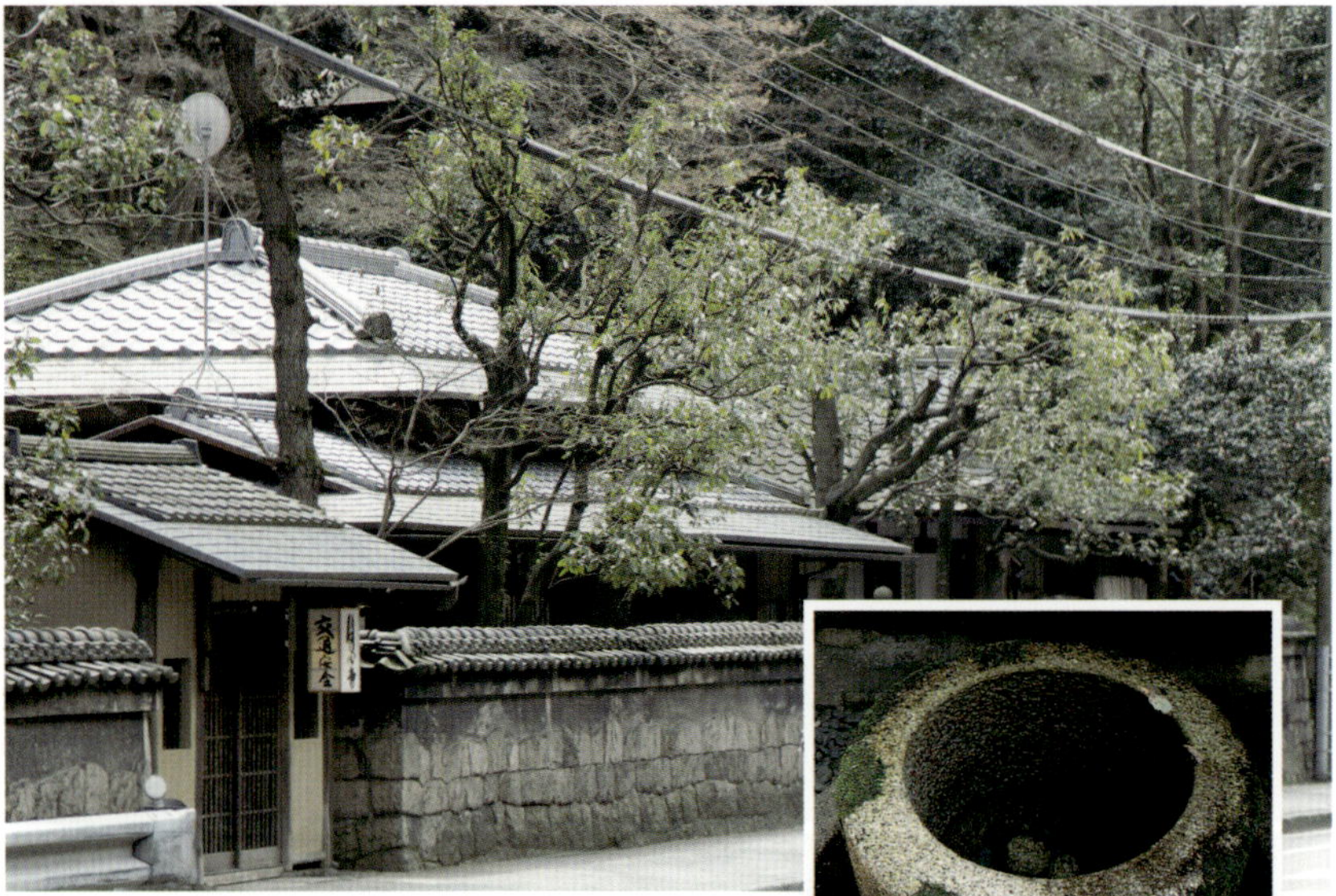

⬆月心寺

名水で知られる走井（はしりい）➡

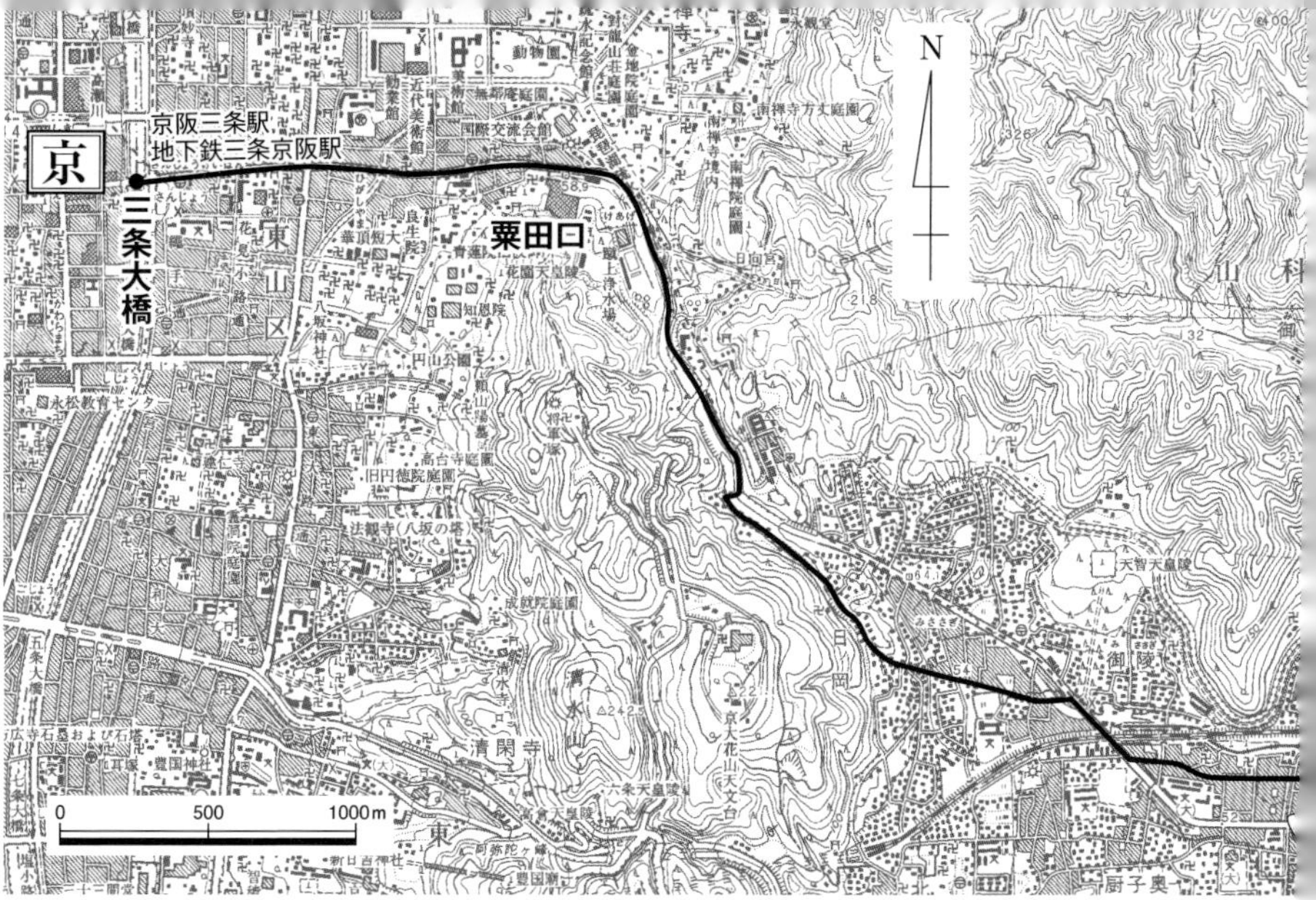

名も見える。いつごろ建てられたものかは定かでないが、安永9年（1780）の『都名所図《ず》会《え》』に取り上げられているので、それ以前の建立であろう。この道標は模刻されたもので、最初に建っていたものは、現在滋賀県立安土城考古博物館に移されている。この三叉路を右手後方へ道筋をとると、伏見を経て大坂や奈良へ至るので、「伏見街道」「大坂街道」や「奈良街道」と呼ばれた。このあたりから大谷町のあたりにかけては、大津絵やみすや針、大津算盤《そろばん》などを売る店が並んでいたことが道中案内記などに記されている。

走井の清水・月心寺

　東海道は、ここから京阪電車、国道1号や名神高速と並走し、しばらく上り坂が続くが、途中右手に**月心寺**《げっしんじ》がある。日本画家橋本関雪《かんせつ》の元別荘で、江戸時代には浮世絵などにも紹介された走井《はしりい》の清水で知られる茶屋であった。茶店の庭も有名で、享保《きょうほう》20年（1735）の序文をもつ『築山庭造伝《ちくやまていぞうでん》』に紹介されている。庭の一角には百歳堂という小さな御堂が建ち、中には晩年を逢坂山の地で過ごしたとされる小野小町の百歳像が安置されている。また、境内に「大津絵の筆の始《はじめ》は何仏《なにぼとけ》」の松尾芭蕉の句碑も建つ。

　月心寺の前には「右一里町　左大谷町」と刻まれた小さな道標が建ち、江戸時代にはこれらのまちなみが続いていたことがうかがえる。

　さらに街道を進み、京阪電車大谷駅の手前の歩道橋で国道と京阪電車の線路を越えると大谷

関蟬丸神社分社に残る車石

⬆逢坂関跡

村。ここは明治13年（1880）に京都と大津の間に鉄道が敷かれたとき、逢坂山トンネルが掘られたが、その西口にあたる。現在は東海道から少しそれて坂を上ると「旧東海道線逢坂山とんねる跡」の石碑が建っている。反対側のトンネル東口は現在も、鉄道記念物に指定されている。また大谷には、3社ある蝉丸《せみまる》神社の分社があった。境内にはのちに触れる車石《くるまいし》も残されている。

逢坂関から大津宿へ

いよいよ**逢坂関跡**である。昭和6年（1931）から8年にかけて国道1号の改修工事により、この峠部分が4mほど掘り下げられて拡幅された際に、「逢坂山関跡」の碑が建てられた。碑の隣には寛政6年

（1814）に大津米屋中が建立した常夜灯《じょうやとう》が建ち、関跡はポケットパークとして整備されている。逢坂関は、弘仁元年（810）に鈴鹿（三重県亀山市）、不破《ふわ》（岐阜県関ケ原町）とともに関所が設けられたところで、平安時代後期まで機能していた。

⬆関蝉丸神社上社

また、この逢坂山を含む京都と大津の間には、文化2年（1805）に、幕府の主導で「車石」という石板が敷かれ、牛《ぎっ》車《しゃ》が通る際の便宜が図られた。轍《わだち》ができた敷石は、先に触れた関蝉丸神社分社の境内や大津市歴史博物館中庭、京都へ入る三条通りの蹴上《けあげ》付近の道路沿いに残されている。

さて、逢坂関跡の碑からは国道1号を歩く。途中左手に**関《せき》蝉丸神社上社《かみしゃ》**があるが、その先で国道1号と分かれ、浜大津への道筋をとる。京阪電車の踏切を渡るが、そのあたりから後ろを振り向くと、逢坂山トンネルの東口が見える。現在は大谷加圧ポンプ場があるが、そこに鉄道の逢坂山トンネルの東口部分の煉瓦《れんが》積みが残されている。トン

⬆関蝉丸神社下社

ネルの上部にはときの太政大臣三条実美《さねとみ》の筆による「楽成頼功」の扁額が掲げられている。踏切の手前左手にあるのが**安養寺**。本尊は観音菩薩で「立聞《たちぎき》観音」とも呼ばれ、逢坂山に隠れ住んだ蝉丸の奏でる琵琶《びわ》を立ち聞きしていた黒衣の僧侶の化身であるとの言い伝えがある。

　さらに街道は琵琶湖に向かって下っていく。左手に**関蝉丸神社下社**《しもしゃ》が鎮座する。社伝によれば、弘仁13年（８２２）、小野朝臣《あそん》峯守《みねもり》が逢坂山の坂の守護神として山上、山下に勧請《かんじょう》され、天慶９年（９４６）に蝉丸の霊が合祀された。両社はともに「関」の文字が付され、道中安全を守る神として祀られている。このあたりから、いよいよ大津宿へと入る。

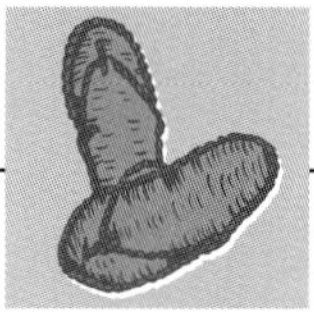

小関越え

東海道の山科（四宮）から分かれ、大津の三井寺《みいでら》の門前へと至る道筋で、東海道の大津宿札《ふだ》の辻へ向かうルートが逢坂山《おうさかやま》を通り、これを大関と呼んでいたのに対し、その裏道にあたるこの峠越えを小関《こぜき》と呼んでおり、鎌倉時代の『平家物語』に名前が見えている。

　時代は下って、江戸時代には松尾芭蕉が京都から大津へ向かう際に、この峠を越えて

山路きて
何やらゆかし
すみれ草

の句を詠んでいる。この道筋は、京都と北国を結ぶ物資の輸送路としても用いられるとともに、西国観音霊場の巡礼道としても多くの通行があった。十四番札所三井寺から十五番札所、京都の今熊野を指す道標なども、その面影を伝えている。

　小関越えに沿って街道を行くと、琵琶《びわ》湖疏水《そすい》の第一隧道《ずいどう》、第一竪坑《たてこう》、几号《きごう》水準点、第二竪坑がある。琵琶湖から京都へ琵琶湖の水を引く疏水工事は、あまりにも長いトンネルを掘らなければならず、入口と出口を正確な直線になるよう掘り進めないと目的の場所に水を引くことはできない、といった難問に直面した。そこで、地図の直線上に竪穴を掘り、そこを基点に掘ればトンネルひとつあたりの長さは短くなるという考え方で、この竪坑が掘られたのである。

　そして、小関峠にある地蔵堂。「峠の地蔵さん」として行き交う人々に親しまれている。峠から街道を下ると、長等《ながら》神社。天智天皇が大津京鎮護のため長等山の岩倉に須佐之男《すさのお》大神を祀ったのが始まりとされる。その後、智証大師円珍が日吉大神を合祀し三井寺園城寺《おんじょうじ》の鎮守とした。本殿は正面5間の構造で類例の少ない社殿である。朱塗の楼門は、棟札《むなふだ》によると、明治37年（1904）5月起工、翌38年2月竣工で、設計技師は正七位安藤時蔵、技術員は青池安三郎である。室町時代の様式で、近在に所在する園城寺大門に倣《なら》ったところが多い。

　園城寺（三井寺）は、天台寺《じ》

三井寺

門《もん》宗の総本山で、古くから日本四ヶ大寺の一つに数えられている。その歴史は、天智・弘文・天武天皇の勅願により、弘文天皇の皇子・大友与多王《よたのおおきみ》が田園城邑を投じて建立され、天武天皇より「園城」の勅願を賜り、「長等山園城寺」と称したのにはじまるとされる。俗に「三井寺」と呼ばれるのは、天智・天武・持統天皇の産湯に用いられた霊泉があり、「御井《みい》の寺」と呼ばれていたものを、後に智証大師は、当寺の厳儀・三部灌頂《さんぶかんじょう》の法水に用いたことに由来する。

東海道の横木で分かれた小関越え。峠を越えて西国十四番札所へと詣でる巡礼者たちが通って行った。

小関越道標

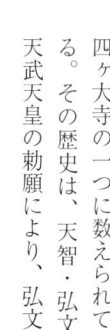

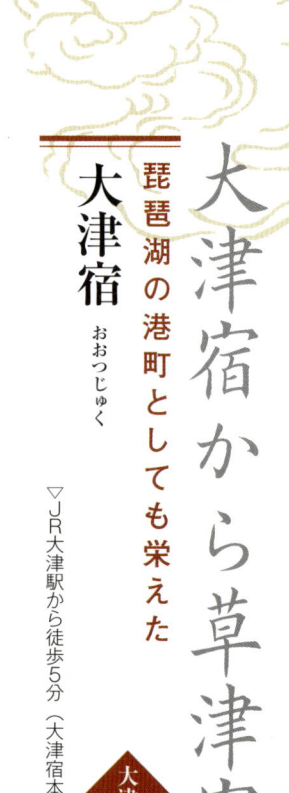

大津宿から草津宿

琵琶湖の港町としても栄えた

大津宿

おおつじゅく

大津市

▽JR大津駅から徒歩5分（大津宿本陣跡）

⬅歌川広重画『東海道五十三次・大津（保永堂版）』（草津市蔵）

近世都市のにぎわい

東海道は逢坂《おうさか》峠を越えて大津宿へと入る。近世の大津町は天《てん》正《しょう》14年（1586）ごろの大津城築城に起源する。しかし、関ヶ原合戦の前哨戦《ぜんしょう》であった大津籠城戦《ろうじょう》より、大津の町は灰燼《かいじん》に帰した。その後、徳川の政権下では膳所《ぜぜ》に城は移され、天正年間に築かれた大津の町は商業都市として再生。あわせて琵琶《びわ》湖の湖上交通の港町として、また東海道の宿場町としての機能も有するようになった。

逢坂峠を下ってきた東海道。このあたりは大津八丁と呼ばれ、本陣や脇本陣、旅籠屋《はたご》が軒を連ねていた。歌川広重の描く浮世絵などにも琵琶湖を遠景に、旅籠屋が並ぶ光景が描かれている。天保《てんぽう》14年（1843）の『東海

道宿村大概帳』によれば、宿場のまちなみは1里19間半（約4・3㎞）と長く、戸数3650軒、人口1万4892人で、本陣は2軒、脇本陣2軒、旅籠屋は71軒を数えた。現在、**大津宿本陣跡**は労働基準局への入口あたりに「明治天皇聖蹟」と刻まれた石碑を残すのみである。

京阪電車が左から路面に合流すると次の交差点が**札《ふだ》の辻**。東海道はこの札の辻で右手に折れる。札の辻には高札場をはじめ、馬会所や人足会所、平等会所などが設けられており、『伊勢参宮名所図会《ずえ》』の「大津八丁札之辻」にはにぎわう札の辻のようすが描かれている。この札の辻を左手に折れると、西近江路（北国海道《ほっこくかいどう》）で、堅田《かたた》、今津を経て小浜や敦賀へと至る。

↑大津札の辻

↑大津宿本陣跡に建つ「明治天皇聖蹟」と刻まれた石碑

大津事件と浜大津

　札の辻から東海道をしばらく進み、駅から浜大津へと向かうバス通りを越えると右手に「此附近露國皇太子遭難之地」と刻まれた**大津事件石碑**が建つ。明治24年（1891）5月11日午後1時過ぎ、この地でロシア皇太子ニコライが警備にあたっていた巡査津田三蔵に斬りつけられたところであり、大津事件として知られている。

　東海道からそれて、札の辻をまっすぐ湖岸に出れば大津港。かつてはこのあたりには多くの舟入りや蔵屋敷が建ち並んでいた。現在は琵琶湖観光の玄関口として、観光船乗り場となっている。毎年3月の第2土曜日は、湖国滋賀に春の到来と湖上観光シーズンの本格的な幕開けを告

⬆大津事件跡石碑

げる風物詩「琵琶湖開き」が行われる。

曳山展示館と大津祭

札の辻から一筋湖岸寄りの通り、商店街を右手に折れると大津祭曳山《ひきやま》展示館がある。館内には原寸大の曳山模型が展示され、曳山巡行やからくり等のビデオ映像を閲覧することができる。

大津では、毎年10月10日に県庁前の天孫神社（当時は四宮神社）の例祭で**大津祭**が催される。その起源は、慶長年間（1598～1615）に鍛冶《かじや》屋町の塩売治兵衛が四宮神社の祭礼に狸の面をかぶって踊ったのに始まるとされる。さらに、治兵衛を乗せて練り歩く屋台ができ、のちに現在のような三輪の曳山が登場した。曳山は13基あり、江戸時代中ごろには13基ともに揃っ

⬆大津祭の曳山

➡小舟入の常夜灯

ていた。豪華な見送り幕や意匠を凝らした彫刻、装飾金具などは見事なものである。

街道は中央大通りを越えて進む。街道と並行する二筋湖岸寄りの通り、大津職業安定所の隣をさらに湖岸の方へ入っていくと、文化5年（1808）9月に建てられた**小舟入《こふないり》の常夜灯《じょうやとう》**が残る。江戸時代は、ここに舟が着いていた。今では、常夜灯より湖岸側が埋め立てられ京阪電車石坂線や湖岸道路、滋賀県警本部や県立琵琶湖文化館などがあり、そのすがたは一変しているが、かつては対岸の矢橋《やばせ》への舟渡しでにぎわっていた。

芭蕉ゆかりの義仲寺

大津宿をあとに東海道を進むと石場。ここにも先の小舟入とともに琵琶湖の対岸、草津宿へ

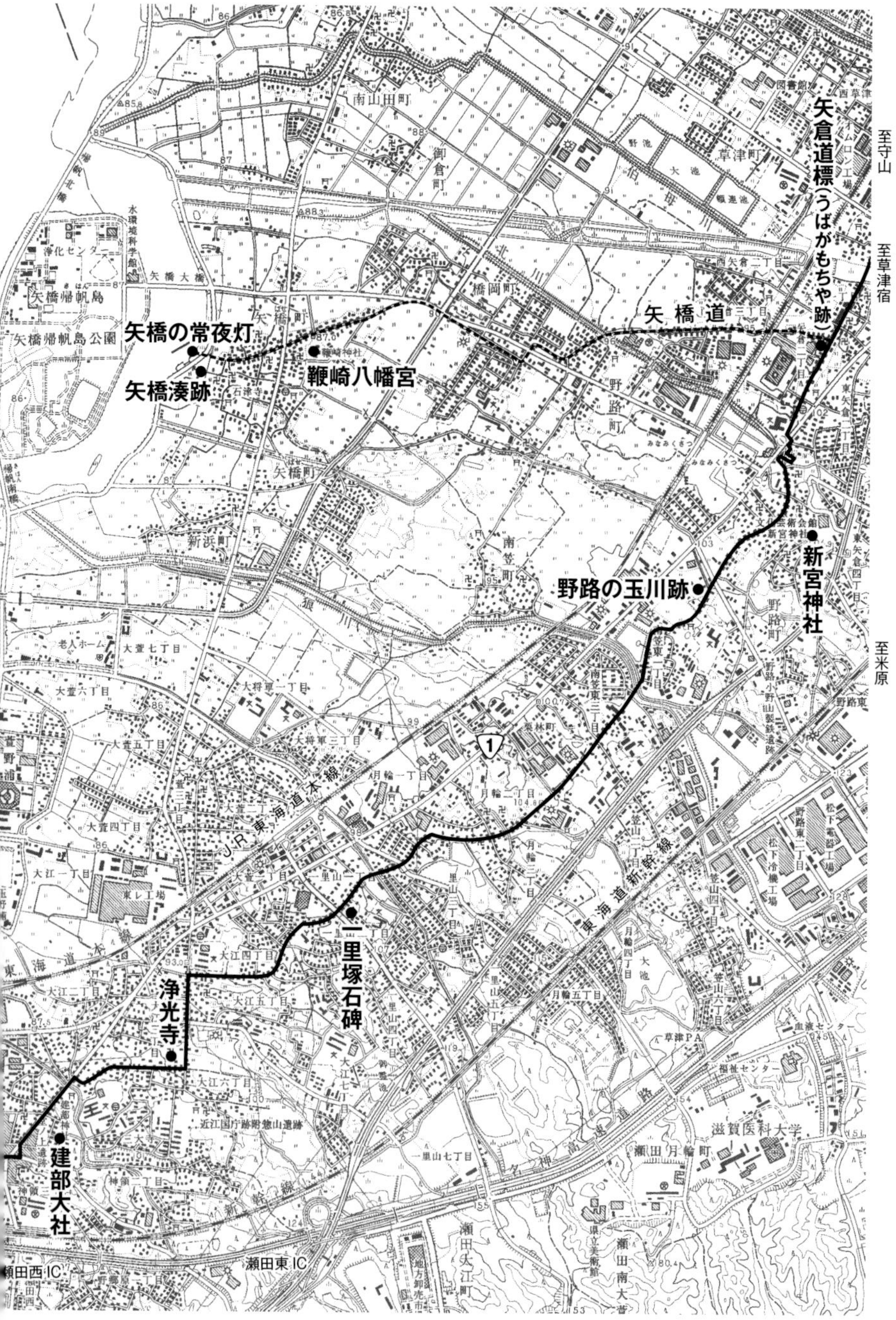
矢倉道標（うばがもちや跡）
矢橋道
矢橋の常夜灯
矢橋湊跡
鞭崎八幡宮
新宮神社
野路の玉川跡
一里塚石碑
浄光寺
建部大社
至守山
至草津宿
至米原
JR東海道本線
東海道新幹線
瀬田西IC
瀬田東IC
滋賀医科大学

琵琶湖
大津市
N
札の辻
大津事件石碑
小舟入の常夜灯
石場の常夜灯
安養寺
大津宿本陣跡
大津祭曳山展示館
天孫神社
義仲寺
北惣門跡
石坐神社
響忍寺
大津
和田神社
縁心寺
関蝉丸神社上社
膳所神社
膳所城公園
至三条大橋
篠津神社
若宮八幡宮
南惣門跡
粟津の晴嵐
今井兼平の墓
瀬田
名神高速道路
京阪石坂線
0
500
1000m

⬆湖岸に移された石場の常夜灯

⬆義仲寺

の近道である舟渡しの湊があった。大津警察署の裏手あたりがその湊で、かつては高さ8・4mの大きな**常夜灯**が建っていた。しかし、昭和43年に琵琶湖文化館前に移され、さらに現在は琵琶湖ホール前の湖岸緑地に移されている。

さらに進むと**義仲寺**《ぎちゅうじ》がある。寿永3年（1184）、源範頼、源義経軍と宇治川・瀬田川の合戦で敗れ、粟津《あわづ》が原で討ち死にした木曾義仲《きそよしなか》が葬られたところで、寺名もそれによっている。江戸時代には俳人松尾芭蕉がしばしばこの地を訪れ、元禄2年（1689）以降は義仲寺の無名庵《むみょうあん》を定宿《じょうやど》とし、彼の遺言で義仲寺に葬られて以降は、芭蕉ゆかりの寺として名を馳せた。境内には木曾義仲をはじめ、芭蕉の墓、翁堂《おきなどう》などとともに

⬆和田神社

⬅番所が置かれた膳所城北総門跡

多くの句碑が建てられている。

膳所城下町

そして、東海道はやがて膳所《ぜぜ》の城下へと入る。膳所城は、慶長5年（1600）関ヶ原合戦の前哨戦を戦った大津城にかわって慶長6年、膳所崎に4層の天守を持つ湖岸の水城として築かれた。初代は先に大津城に入っていた戸田一西《かずあき》、その後は石川氏を経て、本多氏が入封して明治維新まで続く。

街道を行くと、膳所城の警護を務めた番所の置かれたところで、「**膳所城北総門跡**」の石柱が建つ。総門は、東の出入口にあたるところにも南総門が置かれていた。

北総門跡からしばらく進むと**石坐《いわい》神社**。社伝によれば、この地を開発した治田連《はるたのむらじ》の祖彦坐《ひこいます》

王《おう》を茶臼山《ちゃうすやま》に葬り、その背後の御霊殿山《ごりょうでんやま》を神体山として祀ったのが始まりとされている。祭神は天智天皇、弘文天皇、伊賀《いがの》采女宅子媛命《うねめやかこひめのみこと》、彦坐王命、豊《とよ》玉比古命《たまひこのみこと》、海津見神《わたつみのかみ》である。

石坐神社を過ぎ、相模《さがみ》川を渡ると街道はコの字型に迂回する。これは、かつて防御のための桝《ます》形《がた》が設けられていたためである。そして、武家屋敷の長屋門であった**響忍寺**《こうにんじ》の表門前を過ぎ、道はカーブすると右手に**和田神社**がある。白鳳《はくほう》4年（６７５）に鎮座。本殿は鎌倉時代の建築で重要文化財に指定されている。表門は文化5年（１８０８）に開かれた藩校遵義堂《じゅんぎどう》の表門を移したものである。境内にある大イチョウは、関ヶ原合戦で敗れた石田三成を京都へ護送する途中に繋いだともいわれている。

膳所神社

⬆膳所城跡

さらに**縁心寺《えんしんじ》**、**膳所神社**と続く。縁心寺は、膳所藩主本多家の菩提寺で、歴代藩主の墓碑が並ぶ。慶長7年（1602）に初代戸田一西が栄泉寺として建立、本多家三代藩主康俊が三河国西尾（愛知県西尾市）から転封になった元和《げんな》3年（1617）に縁心寺と改めた。膳所神社は豊受比《とようけひ》売命《めのみこと》を祀り、表門は膳所城の城門を移築したもので、重要文化財に指定されている。

　膳所神社前の交差点を湖岸の方へと出ると**膳所城公園**で、かつて膳所城があったところ。

　街道は膳所神社の前を過ぎて、京阪電車中ノ庄の駅付近で左手に直角に折れる。そして再び右に折れると**篠《しの》津《つ》神社**で、素盞嗚《すさのお》命《みこと》を祀る。ここの表門も膳所城の城門で、重要文化財に指定されている。京阪電車の踏切を

⬆篠津神社

↑粟津の松並木

渡ってしばらく進むと、街道はまた左折する。その左手に鎮座するのが**若宮八幡宮**。その先で、少し街道がカーブすると膳所城の**南総門跡**である。北総門から南総門までは膳所城下を抜けているため、防御の面からも街道を屈曲させている。

粟津から瀬田橋へ

南総門を出ると、粟津に入る。ここから石山の鳥居川までは湖岸に松並木がつづき、八丁縄《はっちょうなわ》手とも呼ばれていた。この松の木が、晴れて風の強い日はざわめくことから近江八景のひとつ「**粟津の晴嵐《せいらん》**」といわれた。現在は、工場や住宅の間を抜ける街道筋にわずかに数本の松が残るのみである。膳所藩ではこのあたりに3軒の茶店を置き、ここ粟津が原の合戦で木曾義仲と

←歌川広重画『東海道五十三次・大津（行書版）』（草津市蔵）

←一里塚跡石碑

ともに戦い、命をおとした今井兼平《かねひら》にちなんだ「兼平餅」を商っていた。

粟津を過ぎると、街道はＪＲの石山駅を越えて鳥居川へ。ここからは西国三十三所観音霊場十二番札所石山寺への参詣路が分岐する。また、この鳥居川には、歌川広重の浮世絵にも紹介された源五郎鮒《げんごろうぶな》や瀬田しじみなどを売る茶店があった。

そして、東海道を往く旅人は、琵琶湖から流れ出る瀬田川に架かる**瀬田の唐橋**（瀬田橋）を渡る。瀬田橋は日本三大名橋に数えられ、古代の壬申《じんしん》の乱以降、数々の戦乱の舞台となっている。最初に架けられたのは7世紀の中ごろで、焼失によって幾度か架け替えがなされているが、現在の橋より上流にあった。織田信長以後の瀬田橋の規模は、大橋の長さ97間《けん》、小橋の長さ27間、幅4間、中島の間が15間で、全部あわせると１９６間である。「瀬田橋を制する者は天下を制す」といわれたほどに、この瀬田の地は交通の要衝であり、多くの為政者が注目した地であった。

⬆瀬田の唐橋

地図→P.27

大津宿を訪ねる

電車で▷ JR 大津駅から徒歩５分（大津宿本陣跡）
車　で▷名神大津 IC から５分（大津宿本陣跡）

月心寺《げっしんじ》

東海道五十三次「大津」に描かれた走井の井筒が現在の月心寺であるといわれる。名水として知られた走井の水は、多くの文学作品に登場したが、後に日本画家・橋本関雪が自分の別邸にし、その後月心寺となった。

☎077-524-3421（要予約）
▷京阪大谷駅から徒歩５分、名神京都東 IC から３分

逢坂山関跡《おうさかやませきあと》

京阪大谷駅の東約100m、国道１号沿いに石碑が建つ。逢坂越は交通の要衝として、万葉集や古今集にも詠まれている。実際に関所があったのは、石碑から少し大津寄りで関寺の付近であったのではないかといわれている。

☎077-522-3830（大津駅観光案内所）　▷京阪大谷駅から徒歩５分、名神京都東 IC から1分

関蝉丸神社下社《せきせみまるじんじゃしもしゃ》

百人一首で有名な蝉丸を歌舞音曲の神として祀る。拝殿横の六角形の時雨灯籠は鎌倉時代の作で重要文化財。境内入口には紀貫之の歌で有名な関清水の石碑がある。

☎077-522-6082
▷ JR 大津駅または京阪上栄町駅から徒歩10分、名神京都東 IC または大津 IC から５分

大津祭曳山展示館《おおつまつりひきやまてんじかん》

原寸大の曳山模型が展示され、一年中大津祭を楽しめる。「からくり」や幕類を映像やパネルで紹介しており、祭りの賑やかさ、楽しさが体感できる。

☎077-521-1013　休月曜日（祝日の場合は翌日）・祝翌日・お盆・年末年始　▷ JR 大津駅から徒歩10分または京阪浜大津駅から徒歩５分、名神大津 IC から５分

天孫神社《てんそんじんじゃ》

10月の大津祭が有名。彦火火出見尊、国常立尊、大名牟遅尊、帯中津日子尊の４柱を祀ることから、また、彦火火出見尊が天照大神の第４代目にあたるという説から、四宮神社ともいわれている。

☎077-522-3830（大津駅観光案内所）　▷ JR 大津駅から徒歩３分、名神京都東 IC または大津 IC から5分

義仲寺《ぎちゅうじ》

寺名は木曾義仲を葬ったことに由来し、木曾塚とも呼ばれた。松尾芭蕉はたびたび訪れ、門人と月見の宴を催したという。「骸（から）は木曾塚に送るべし」との遺言どおり、義仲と芭蕉の墓が並んでいる。境内全域が国の史跡。

☎077-523-2811　休月曜日（祝日を除く）　¥200円（30名以上150円）　▷ JR 膳所駅または京阪膳所駅から徒歩10分、名神大津 IC から5分

膳所城跡《ぜぜじょうあと》

関ヶ原の合戦の翌年に築城した水城で、明治維新で廃城となり、楼閣は取り壊され、城門は膳所神社や篠津神社に移築された。本丸跡は公園として整備され、春には桜の名所として花見客が多く訪れる。

☎077-522-3830（大津駅観光案内所）　▷京阪膳所本町駅から徒歩７分、または JR 大津駅からバス膳所公園前下車すぐ、名神大津 IC または瀬田西 IC から10分　P普通車数台

膳所神社《ぜぜじんじゃ》

中世には諸武将の崇敬が篤く、社伝には豊臣秀吉や秀吉夫人の北政所、徳川家康などが神器を奉納したという記録が残っている。表門は明治3年に膳所城から移築したもので重要文化財。

☎077-522-1167　▷京阪膳所本町駅から徒歩１分、名神大津 IC または瀬田西 IC から10分

瀬田の唐橋《せたのからはし》

近江八景「瀬田の夕照（せきしょう）」で知られ、日本書紀をはじめ多くの文学作品に登場する。「瀬田橋を制するものは天下を制する」といわれ、京都の喉もとを握る交通・軍事の要衝であった。

☎077-528-2772（びわ湖大津観光協会）　▷京阪唐橋前駅から徒歩５分、名神瀬田西 IC から３分

←野路の玉川跡

野路の玉川

瀬田橋から街道を進むと一里山の地名が残る。かつて東海道121番目の一里塚があったところで、現在はその跡を示す**石碑**が建つのみである。

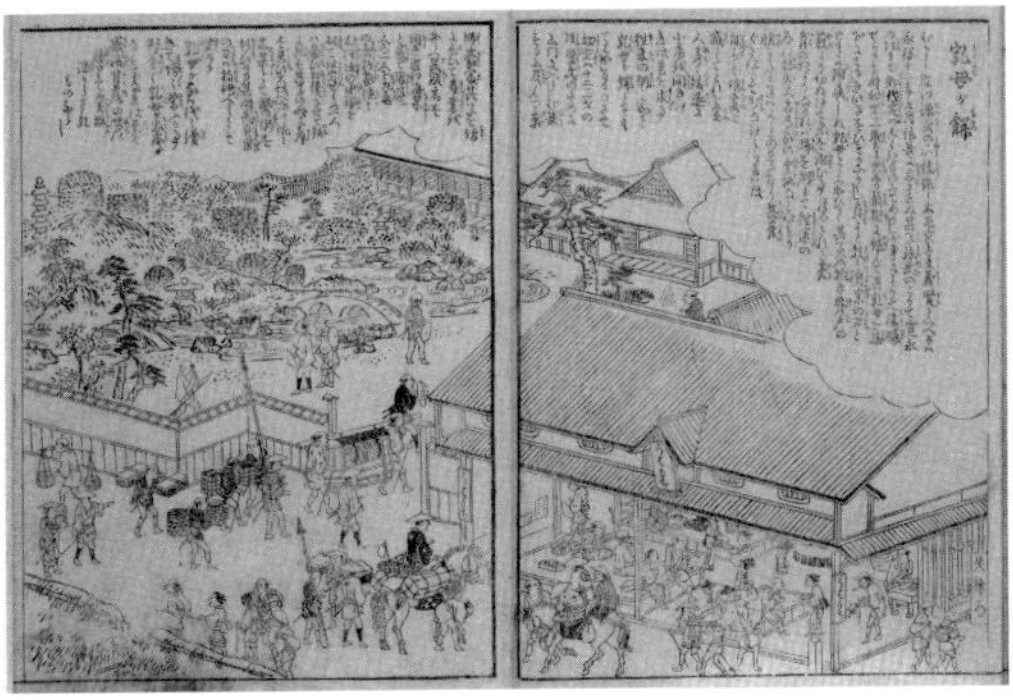

↑『伊勢参宮名所図会』に描かれたうばがもちやの店先

街道は、月輪《つきのわ》（大津市）から南笠《みなみがさ》（草津市）に入る。このあたりの街道沿いには松並木の名残が見られるが、周囲は一変して住宅街が広がっている。そして街道は狼川を渡ると左手に弁天池があり、池の中にある小島には弁財天が祀られており、毎年1月には藁で作った蛇を体に巻きつけ、弁天社に参る「山の神」の神事が行われている。そして、街道は少しカーブを取りながら進むと、左手に**野路《のじ》の玉川跡**。

この野路の玉川は、平安時代の古歌にも詠まれ、六玉川の一つに数えられたところで、萩が名所であったことから、萩の玉川とも呼ばれた。

あすもこむ
野路の玉川萩こえて
色なる波に月やどりけん
源俊頼

そして、街道は立命館大学びわこ草津キャンパスへと続く道を横切り、野路の集落に入る。この野路は、平安時代末期から鎌倉時代にかけて東海道の宿駅が設けられたところであ

⬆東海道と矢橋道の分岐点に建つ矢倉道標。かつてここに、うばがもちやがあった

り、源頼朝や北条泰時《やすとき》らが「野路宿」で宿泊した記録がみえている。野路の集落のなかほど右手に鳥居がある。**新宮《しんぐう》神社の鳥居**で、新宮神社は天平《てんぴょう》2年（720）に僧行基《ぎょうき》によって創建され、社殿は宝亀《ほうき》元年（770）の建立と伝えられるが、本殿の建築が棟札《むなふだ》によって大永3年（1520）と確認され、重要文化財に指定されている。裏門は膳所城の薬医門を移したものである。

矢橋の渡しと「うばがもち」

　野路の集落を抜けると、かがやき通りと交わる。ちょうど通りをはさんだ反対側に一里塚公園がある。歩く場合は、横断歩道がないので左へ折れて国道の信号を渡って引き返す。公園を抜けると国道を渡り、東海道は矢倉村へ。矢倉村は、北に続く草津宿と一体のまちなみをなす。もともとの集落は、東海道より300mほど西の若宮八幡宮付近にあったが、江戸時代初期の街道整備にともない、街道沿いに移された。

　ここは、琵琶湖を渡る渡し船、**「矢橋《やばせ》の渡し」の船乗り場へと至る分岐点**があり、その角には歌川広重の浮世絵にも描かれた、草津名物うばがもちやがあった。うばがもちは、東の安倍川もちと並ぶ街道筋で名を馳せた名物で、近江源氏の流れをくむ佐々木義賢《よしかた》の後胤《こういん》が寛永期、誅滅《ちゅうめつ》されたときに、3歳になる遺児を養うために乳母が餅を作って売ったことにはじまると『伊勢参宮名所図会』に記されている。『伊勢参宮名所図会』や『東海道名所図会』には、そのにぎわう店先のようすが描かれている。多くの旅人は、このうばがもちを売る茶店で、旅の疲れをひとときであるが癒したことであろう。

⬆歌川広重画『諸国八景の内近江八景』（草津市蔵）
近江八景の図としては珍しく矢橋の湊からみた風景を描いている。旅人たちが矢橋に着き船から降り立ったところであろうか。矢橋の湊はとくに、60年周期で繰り返された伊勢神宮への集団的な参詣である「おかげまいり」の年には船が足りず、近隣の山田・下笠などから船や水主の応援を受けたほど賑わった

このうばがもち、江戸時代以来草津の交通の移り変わりとともに、変遷を遂げてきた。明治になって琵琶湖の湖上交通が就航したときには、東海道と港への新道の分岐点に、明治22年（1899）の鉄道開通、草津駅開業後は駅前に、そして国道1号ができたときには国道に。その時代の旅人の動きを見守ってきた。そして、今なお草津の名物として人々に愛されている。

うばがもちやの軒先には道標が建つ。「右やばせ道　これより廿五丁　大津へ船わたし」と刻まれ、ここから2・5km ほど行けば大津への船渡し場であった矢橋湊へと至る。矢橋は、『万葉集』にも詠まれたところで、それ以後も『今昔物語集』などにしばしば登場してくる。また、近江八景のひとつ「矢橋の帰帆《きはん》」に数えられ、比叡《ひえい》の峰を背に対岸の大津松本へ白帆《しらほ》を立てて湖上に浮かぶすがたが浮世絵にも描かれている。現在、かつての湊跡は『伊勢参宮名所図会』に描かれた石積突堤が、弘化3年（1846）に建てられた**常夜灯**とともに矢橋公園として整備されている。しかし、その湖岸には、矢橋人工島が埋め立てによってでき、かつての矢橋の対岸を望むことはできないのが残念である。

矢橋湊への途中には鞭崎《むちさき》八幡宮が鎮座する。この社は、源頼朝が上洛に際して馬上から鞭で社名を尋ねたことに由来する。表門は明治4年（1871）、膳所城の門を移築したもので、重要文化財に指定されている。

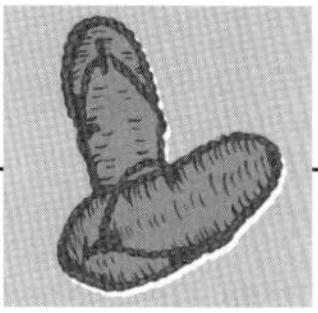

急がば廻れ

「急がば回れ…」

これは危険な近道よりも、安全な本道をまわったほうが、結局早く目的地に着くたとえから、成果を急ぐなら一見遠回りに見えても着実な方法をとったほうがよいことを戒めた俚諺《りげん》である。

さて、この語源、東海道と琵琶湖を渡る「矢橋《やばせ》の渡し」であることは、ご存知であろうか。永禄11年（1514）の成立とされる、衲叟《のうそ》馴窓《じゅんそう》なる人物が編んだ私撰集『雲玉《うんぎょく》和歌抄』（京都大学附属図書館本）に

もの、ふの
やはせの舟ははやくとも
いしかはまわれ
せたの長はし

とある。

また、江戸時代の咄本《はなしぼん》（笑い話集）『醒睡笑《せいすいしょう》』には、室町時代の連歌師宗長《そうちょう》の歌として

武士の
やはせのふねははやくとも
いそかはまはれせたのなかはし

と紹介している。

いずれも東海道の大津と草津間の早道として用いられていた湖上の渡し、矢橋の渡し船を利用するより、瀬田橋への回り道のほうが着実であることを例えたものであるが、この語源が近江の東海道に因むものであるのは驚きである。

さて、矢橋の地名は、古く『万葉集』にもみえ、早くから市が立つ漁撈《ぎょろう》の拠点であった。ここで登場する矢橋の渡し。俚諺では着実な瀬田橋まわりを勧めているが、江戸時代、俗謡に「瀬田へ回れば三里の回り、ござれ矢橋の舟にのろ」「瀬田へ回りか矢橋へ出よか、ここが思案の姥《うば》ヶ餅」などと詠まれ、東海道を往く多くの旅人は、この渡し船を利用した。

瀬田を回ると3時間あまり。一方矢橋の渡しを利用すると2時間程度。多少の船賃は必要だが、船に乗れて少しは楽ができる。また、「近江八景」のひとつに数えられた「矢橋の帰帆《きはん》」の風光明媚《ふうこうめいび》な景色を見ることもできた。この矢橋の渡しの風景は、歌川広重の描く浮世絵にも数多く紹介されている。落語「矢橋船」としても登場するなど、

当時は広く知られた地名であった。
しかし、江戸時代でも与謝蕪村は

ゆく年の
勢田《せた》を廻るや
金《かね》飛脚《びきゃく》

と、忙しい年の瀬でも、金子《きんす》を運ぶ飛脚は着実な瀬田橋を回っていたことを詠んでいる。そして、幕末の新選組参謀の伊東甲《か》子《し》太郎《たろう》も彼の歌集「残しおく言の葉草」に

もの、ふの矢走の渡しわたるとも
渡りかたきは
うき世なりけり

の歌を残している。

現在は、矢橋の渡し場であったところは、琵琶湖の水位の低下で陸と化したが、昭和56年の発掘調査で、『伊勢参宮名所図《ず》会《え》』などに描かれた湊の石積突堤が確認され、その石積を残した公園となっている。江戸時代、多くの旅人に重宝された矢橋の渡し。そのすがたが今は見られなくなったが、代わって現代版「矢橋の渡し」である近江大橋が、今は多くの人々に利用されている。

⬆歌川広重画『五十三次名所図会・草津』部分（草津市蔵）
矢橋湊に出入する舟

⬆矢橋の湊跡に建つ常夜灯

草津宿から石部宿

東海道と中山道の分岐点

草津宿《くさつじゅく》

草津市

▽JR草津駅から徒歩10分（国史跡草津宿本陣）

←歌川広重画『東海道五十三次・草津（保永堂版）』（草津市蔵）

草津宿の成り立ち

歌川広重の浮世絵や『東海道名所図《ず》会《え》』『伊勢参宮名所図会』をはじめ、数々の道中案内記も紹介された草津名物うばがもちやのあった矢倉を過ぎるといよいよ草津宿。

草津の名前は鎌倉時代の正《しょう》安《あん》元年（1299）の一遍上人《いっぺんしょうにん》絵伝に見える。その後も、『室町殿伊勢参宮記』に足利将軍の伊勢参宮の際に宿所が置かれたところでもあり、徳川家康の東海道整備のとき、慶長6年（1601）に宿駅として位置づけられた。

草津宿は、京都から来ると東海道と中山道《なかせんどう》の分岐点でもあった。宿場の規模は、本陣が2軒、脇本陣が2軒、旅籠《はたご》屋は72軒を数えた。まちなみは京側か

ら、宮町・六町目・五町目・四町目・三町目・二町目・一町目と南北に続き、草津川にあたると右に折れて西横町・東横町と続く南北7町15間《けん》半（約790m）・東西4町38軒（約505m）のまちなみであった。

矢倉から新しく付け替えられた草津川を渡ると、草津宿の京側の入口。かつては宿を限る黒門が設けられていたときもある。そして街道は緩くカーブをしながら進むが、これは宿の入口部分にカーブを付けて、宿内を見渡せないようにした遠見遮《とおみしゃ》断《だん》で防御的な役割を果たしていた。街道の左手には『伊勢参宮名所図会』にも描かれている**立**《たち》**木**《き》**神社**が鎮座する。神護景雲《じんごけいうん》元年（767）の創建と伝えられ、武甕槌命《たけみかづちのみこと》を祀る。境内の手水場《ちょうずば》の脇には、滋賀県で最古

⬆立木神社境内にある県内最古の道標

⬆立木神社

とされる道標が建つ。延宝8年（1680）の年号が刻まれ、「右はたうかいだういせみち　左はなかせんどうおたがみち」とあり、中山道と東海道の分岐点に建っていたものと考えられる。

問屋場跡から街道交流館

立木神社のすぐ北を流れる宮川を渡り、しばらく行くとアーケードがあるが、アーケードに入ってすぐ左手に、宿の人馬継立てを差配する問屋場が置かれていた。また、草津宿の問屋場には、正徳《しょうとく》元年（1711）に東海道に3ヶ所、中山道筋に2ヶ所設けられ、街道をゆく荷物の検査にあたった貫目《かんめ》改所《あらためしょ》が併設されていた。この貫目改所、関西で設置されたのは、ここ草津宿だけで、このことからも草津宿が交通の要衝として注目されていたことがうかがえる。

問屋場を過ぎると、同じく左手に**常善寺**がある。天平７年（７３５）良弁僧正《ろうべんそうじょう》の開基と伝えられ、もとは華厳宗であったが、承久《じょうきゅう》の乱のときに狼藉にあったのち、建治２年（１２７６）叡尊が現在の本尊を安置し真言律宗となった。室町時代には将軍足利家の信仰が篤く、９代将軍足利義尚《よしひさ》が造営した鈎《まがり》の陣の殿室を移築したともいわれる。また、その後は織田信長、豊臣秀吉から安堵状を賜り、寛永13年（１６３６）に徳川家康から寺領50石を認められている。現在、街道筋から少し入ったところに本堂が建ち、重要文化財で鎌倉時代の作とされる木造阿弥陀如来及両脇侍像が祀られている。

➡草津宿街道交流館にある草津宿の再現ジオラマ

問屋場から街道を進むと、右手に**草津市立草津宿街道交流館**がある。ここでは、草津宿をはじめ江戸時代の東海道、中山道などに関する資料や情報をみることができる。また、幕末の草津宿を再現したジオラマなどもあり、草津宿のようすがわかりやすく紹介されている。

国史跡草津宿本陣

草津宿街道交流館を出て、街道を行くと左手に**国史跡草津宿本陣**が当時のすがたをとどめている。

江戸時代、草津宿には２軒の本陣があり、もう１軒の本陣は現存する本陣より50ｍほど手前の東側にあった。

さて、現存する草津宿本陣は田中七左衛門が本陣職を勤め、寛永年間（１６２４～１６４３）ごろから本陣の名目が廃止される明治３年（１８７０）まで本陣を勤めた。現存する本陣のなかでは、東海道筋で有数の規模を誇り、部屋数約40室を数えた。本陣の設えの特徴は、表門と屋敷内の上段

⬆常善寺木造阿弥陀如来及両脇侍像

⬆国史跡草津宿本陣

の間である。草津宿本陣の表門をくぐると白砂が敷かれ、式台付きの玄関広間。そこには休泊者の名前を記した宿札（関札）が並べられている。そして、奥へ続く畳廊下があり、その両側には西座敷、東座敷。そして一段高くなり左手に上段の間、右手には向上段の間がある。上段の間は、格天井《ごうてんじょう》で御簾《みす》が下がり、奥には床と違い棚、部屋の中央には一段高くした二畳敷が設けられている。部屋の脇には鞘《さや》の間という警護の者が控える部屋もある。さらに、上段雪隠《せっちん》や渡り廊下を隔てて湯殿《ゆどの》もある。さらに勝手の方へまわると、土間が広がり休泊者に食事を供するための竈《かまど》なども設《しつら》えてある。表門の横、街道に面して板間が設けられており、休泊者の荷物などが収められた。本陣の表門に

⬆草津宿本陣上段の間

⬆台所土間

⬆宿札

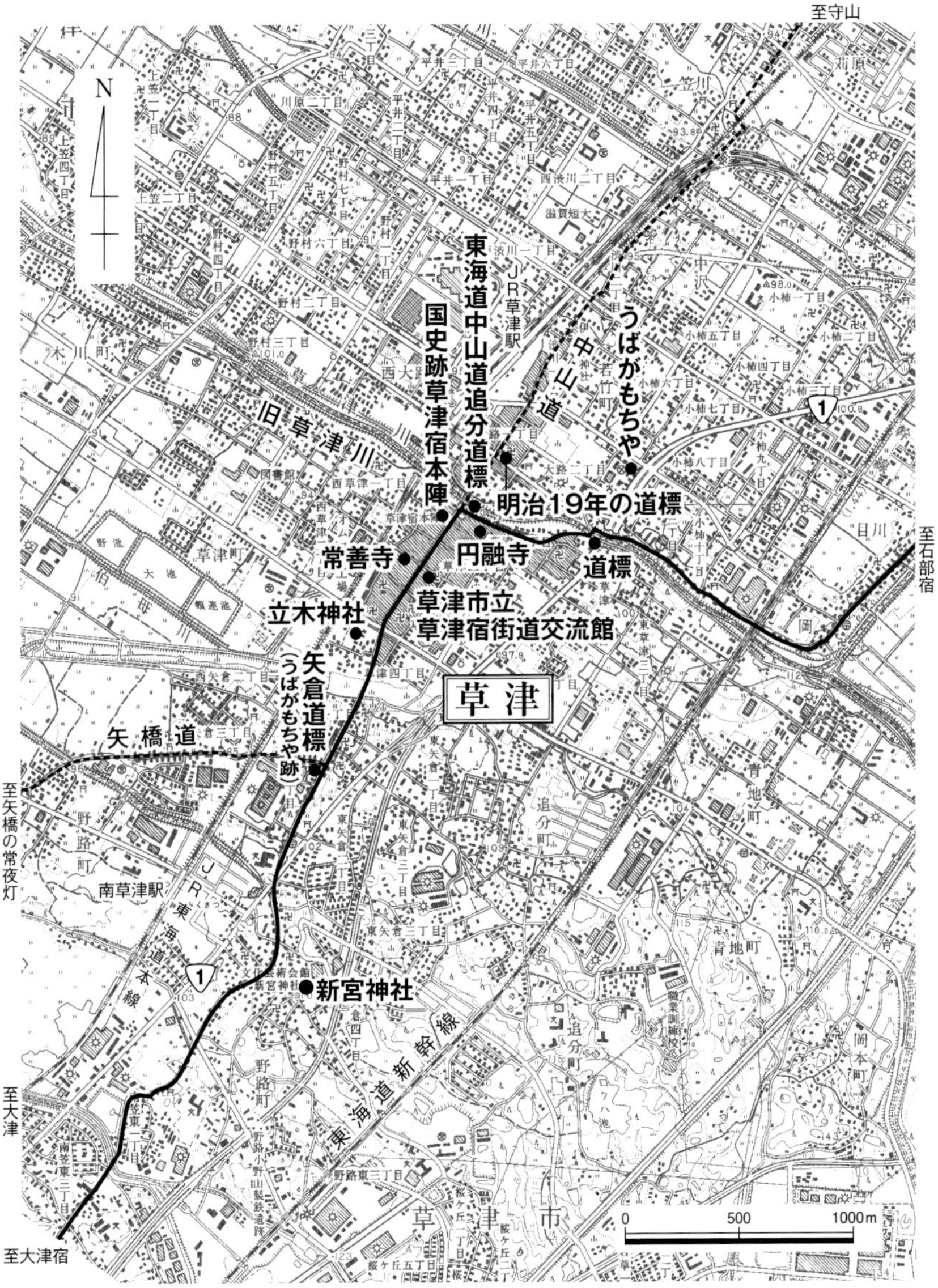
至守山
N
東海道中山道追分道標
国史跡草津宿本陣
JR草津駅
中山道
うばがもちや
旧草津川
明治19年の道標
円融寺
常善寺
道標
至石部宿
草津市立
草津宿街道交流館
立木神社
矢倉道標
（うばがもちや跡）
草津
矢橋道
至矢橋の常夜灯
南草津駅
JR東海道本線
新宮神社
東海道新幹線
至大津
至大津宿
草津市
0
500
1000m

⬆東海道と中山道の分岐点に建つ火袋付きの道標

ひとたび足を踏み入れると、江戸時代の大名や幕府役人の旅したようすが浮かび上がってくる。現在、史跡草津宿本陣は一般に公開され、新選組の土方《ひじかた》歳三の名のみられる「大福帳」も展示されている。

国史跡草津宿本陣とは反対側に少し路地を入ると正面に**円融寺**《えんゆうじ》がある。門前に「南無妙法蓮華経」と刻まれた経塔が建つ。天和年間（１６８１〜１６８４）に京都の町人八幡屋長右衛門が建立したもので、江戸時代には草津宿の江戸側の入口に建っていたものである。なお、この「南無妙法蓮華経」と刻まれた経塔は、各地に寄進しており、近江では東海道に並行する国道1号の三雲ドライブインと、先ほどの矢倉村から矢橋《やばせ》へ至る矢橋道の途中に、現在確

⬆草津川の川越　立祥画『東海道五十三駅・草津』（草津市蔵）

認される。

中山道との分岐点

国史跡草津宿本陣から少し行くとトンネルの手前で東海道は右手に折れる。ここが中山道との分岐点で、文化13年（１８１６）に江戸・京都・大坂などの飛脚屋仲間が寄進した**火袋付きの道標**が建つ。「右東海道いせみち　左中仙道みのぢ」と刻まれ、中山道はトンネルの上を越えて守山へと至る。

さて、このトンネルの上は、かつて草津川が流れていた。中山道は、ここで草津川を渡る。東海道は川の南を右手に折れて５００ｍほど行ったところで川を越えた。この草津川、周辺の民家の屋根より川底が高い天井川として有名で、東海道筋ではこの先家棟《やなむね》川、大沙《おおすな》

⬅⬆明治19年にできた新しい分岐点に建つ道標

川なども天井川である。川底にトンネルが掘られたのは明治19年（１８８６）のことで、その2年後には、草津宿と草津川をはさんだ北側の大路井《おちのい》村に鉄道駅・草津駅が開業する。草津川は江戸時代、東海道も中山道も橋が架けられていなかったので、旅人は「徒歩《かち》渡り」といって、自分で歩いて川を渡るか、川越《かわごし》人足の手によって渡してもらっていた。

それが、明治19年に草津川の下にトンネルが掘られたことによって東海道・中山道ともに川を越えずに往来できるようになり、トンネルから２５０ｍほど行ったところに新たな東海道と中山道の分岐点ができ、そこにも明治19年の「右東海道　左中仙道」と刻まれた道標が建つ。

東海道に戻り、草津川の手前

↑横町道標

を左に折れて街道を進むと、わずかに坂を登り始める。草津川の川越である。坂を上ると現在は草津川橋が架かっているが、江戸時代の東海道は橋がなく、徒歩渡りであった。橋の手前、右手には「右金勝寺しがらき道　左東海道いせ道」と刻まれた文化13年（1816）の**道標**が建つ。左手川を越えるのが東海道で、右手草津川の左岸堤防を上流に進むと、金勝寺《こんしょうじ》や信楽《しがらき》へ至る。道標の現在建つ位置は、当時の反対側である。

　東海道は草津川を越え、坂を下る途中に右に折れる道筋であるが、現在その道をたどっても、国道1号で寸断されているので、川を渡ると右岸の堤防を行く。堤防を進み、トンネルでくぐる国道1号を過ぎると、左からの道が合流するが、これが寸断さ

⬆旧草津川の桜並木

れた東海道の名残である。そして、坂を下りきるところでも左後方から道が合流する。これは、先に述べた明治の東海道である。

ちなみに、この草津川、平成16年に川としての役目を終え、新たな草津川はかつての草津宿と矢倉村の境に平地河川化されて付け替えられた。しかし、町の中をかつて流れていた天井川の形状は貴重な歴史的財産で、春には堤防の桜が満開となる。この桜並木は、明治43年（1910）に、地元草津尋常高等小学校の卒業記念に植樹されたもので、植樹当時のものは老木になり、植えかえられているが、なおその桜並木は、春の花見には多くの人出でにぎわう。

草津宿を訪ねる

地図→P.51

電車で▷ JR 草津駅から徒歩 10 分（国史跡草津宿本陣）
車　で▷名神草津田上 IC または栗東 IC から 15 分（国史跡草津宿本陣）

野路の玉川《のじのたまがわ》

野路町の玉川小学校のすぐ近くにある名泉跡。近くに流れている川が清水を湧出していたのであろうと考えられている。また、萩の名所でもあったので、萩の玉川という別名もある。現在は、小さい池と源俊頼の歌碑が静かにたたずんでいる。

☎077-561-2422（草津市教育委員会文化財保護課）　▷ JR 南草津駅からバス南田山下車徒歩10分、名神草津田上 IC または瀬田西 IC から10分

立木神社《たちきじんじゃ》

旧草津村と旧矢倉村の氏神で、山門正覚院末寺にあたる神宮寺が境内にあった。神木のウラジロガシは推定樹齢400年の大木で、三方に分かれた幹には圧倒される。境内には黒松をはじめとした巨木が多数ある。

☎077-562-0420　▷ JR 草津駅東口から徒歩20分、名神草津田上 IC または栗東 IC から15分　Ⓟ普通車４台

常善寺《じょうぜんじ》

奈良時代に良弁が創建したと伝えられる寺院。 本尊の阿弥陀如来像と両脇侍の3体が重要文化財に指定されている。三尊背面の来迎壁には、壁面いっぱいに二十五菩薩来迎図が描かれている。

☎077-565-0529（要予約、土・日休）　¥志納　▷ JR 草津駅東口から徒歩15分、名神草津田上 IC または栗東 IC から15分

草津宿街道交流館《くさつしゅくかいどうこうりゅうかん》

１階は情報検索コーナーで、２階は展示室になっており、江戸時代の草津宿を復元した200分の１の模型のほか、浮世絵や旅道具などを展示している。「旅体験コーナー」では、実際に道中着を身に付けたり駕籠をかついで江戸時代の旅を体験できる。草津宿本陣との共通入館券（320円）もある。

☎077-567-0030　休月曜日（祝日の場合は翌日）・祝翌日・年末年始　¥200円（20名以上160円）　▷JR 草津駅東口から徒歩15分、名神草津田上 IC または瀬田西 IC から15分　Ⓟ普通車２台

国史跡草津宿本陣《くにしせきくさつしゅくほんじん》

現存する全国最大規模の本陣。建物のほかにも多数の関札、膨大な大福帳（宿帳）など貴重な資料が残されている。大福帳には、忠臣蔵ゆかりの吉良上野介や浅野内匠頭、皇女和宮、新選組の土方歳三などの名前もみられる。草津宿街道交流館との共通入館券（320円）もある。

☎077-561-6636　休月曜日（祝日の場合は翌日）・年末年始　¥200円（20名以上160円）

追分道標《おいわけどうひょう》

東海道と中山道との分岐点にあり、「右東海道いせみち」「左中仙道美のぢ」と刻まれている。草津宿本陣とともに往時の面影をとどめている。

☎077-561-2422（草津市教育委員会文化財保護課）　▷ JR 草津駅東口から徒歩10分、神草津田上 IC または栗東 IC から15分

旧草津川堤防《きゅうくさつがわていぼう》

川底が周囲の地盤よりも高い天井川として知られ、かつては雨が降ると水があふれ、旅人の足を止めた。明治時代に桜が植えられ、桜並木の美しい名所として親しまれている。

☎077-566-3219（草津市観光物産協会）　▷ JR 草津駅から徒歩10分、名神草津田上 IC または瀬田西 IC から15分

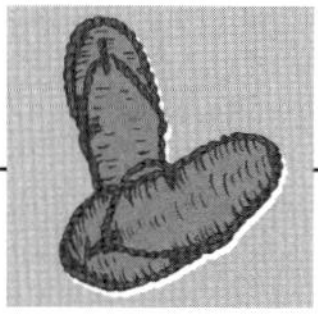

近江東海道の川越し

「箱根八里は馬でも越すが、越すに越されぬ大井川」といわれるように、江戸時代の街道では箱根や鈴鹿の峠越えより河川を越えることが街道の難所とされた。江戸時代、東海道など主要な街道の河川には橋が架けられていなかったためである。これは、幕府が防御的な意味合いから橋を架けなかったという説や、川越《かわごし》人足や近隣の宿場に対する経済的な政策であるという説、また当時は大井川などの大河に流水に耐えるだけの土木技術が備わっていなかったという説などがあるが、個々の理由ではなく、おそらく三つの要因が相まって、街道筋に橋が架けられなかったと考えられる。

この川越しは、近江の東海道でも天保14年（1843）の安部正信が編んだ『駿国《すんこく》雑誌』に「東海道十三渡し」のうちに横田の渡し、草津川の渡しが数えられている。ちなみに、天下の瀬田川には瀬田橋が架けられていた。

まず草津川は、地形的にも天井川という特異な形状をしており、草津宿の北を西に琵琶《びわ》湖に向かって流れている。天井川というのは、川底が民家の屋根より高く、近江の河川に多くみられる地形である。そして、普段はほとんど水がなかったことから「砂川」などとも呼ばれ、旅人は歩いて渡る「徒歩《かち》渡り」であった。しかし、川越人足もいて、旅人を肩車で渡していた。この川越しには川越賃銭が必要で、その値段は川の水量によって異なっていた。

↑横田川の渡し　泉常夜灯

一方、横田川は、増水期の３月～９月は渡船で、渇水期の10月～翌年２月は土橋を築いて旅人を渡していた。東岸にあたる泉の渡し場に掲げられた高札には寛政13年（１８０１）の道中奉行の名による渡し賃が次のように記されている。

一、水主二人乗　旅人一人三文
一、同　三人乗　同十文
一、同　四人乗　同　二十文

一、乗物　一挺　但持人は別段之事　二人前
一、山駕籠一挺　右同断之事　一人前
一、乗掛　一駄　二人前
一、軽尻　一疋　一人前

⬆五雲亭貞秀画『東海道五十三次勝景』（草津市蔵）

⬆『近江名所図会』に描かれた目川の茶店

名物・目川田楽

旧草津川を越えたところが新屋敷（草津市大路《おおじ》）で、江戸時代の東海道の整備に伴い形成された集落である。東海道はしばらく旧草津川に沿って進む。しばらく街道は狭いが、左手民家の脇に大正14年（1926）に建てられた「**史跡老牛馬養生所**」の石碑がある。この養生所は、天保11年（1840）に、小柿《おがき》村（栗東《りっとう》市）の財政再建を目的に設立されたもので、幕末まで機能した。

新幹線をくぐり正面に目川《めがわ》の「ほっこり庵」が見えると東海道は左に折れる。目川は草津宿と石部《いしべ》宿の間にあった立場《たてば》で、名物の目川田楽《でんがく》が売られていた。当時はこの目川田楽を売る茶店は、京伊勢屋、小島屋、元伊勢

⬆鈎の陣ゆかりの地の碑

屋と3軒あったとされ、京伊勢屋の店先は、歌川広重の描く『東海道五十三次　石部』や『伊勢参宮名所図会』などの名所図会類にも取り上げられている。そして、小島屋跡、元伊勢屋跡、そして目川立場の碑がある。

さらに目川は一里塚があったところで、現在はその跡に**石碑**が建つ。

そして、左手にある地蔵院を過ぎて街道は直角に左に折れると、右手に文政9年（1892）江戸から長崎へ向かうシーボルトが、住職であり博物学者でもあった恵教をたずねて立ち寄った**善性寺**がある。

足利義尚の御所「鈎の陣」

街道は上鈎村に入る。ここは室町幕府第九代将軍足利義尚が、近江における公家・寺社領荘園

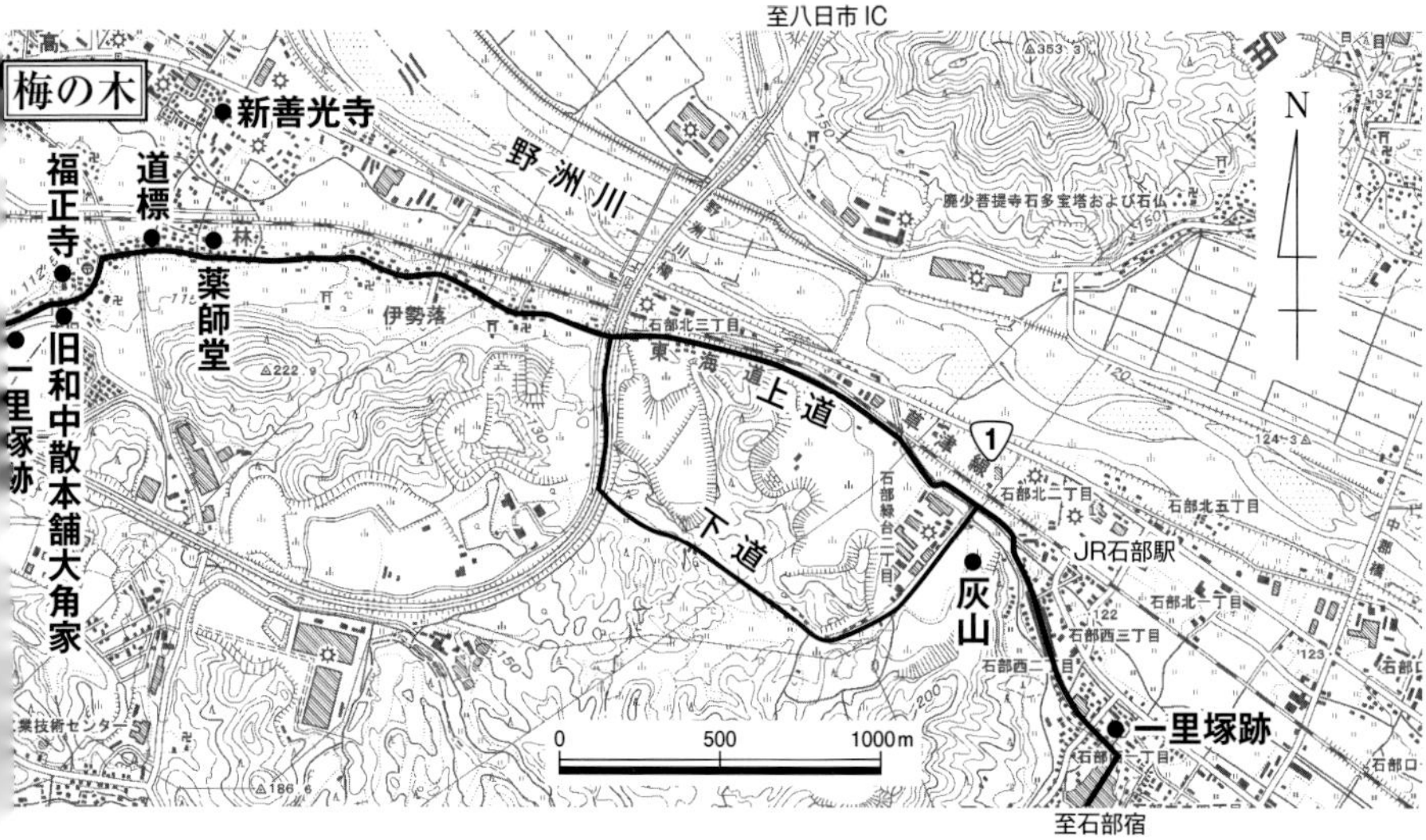

の回復を目指して六角高頼《ろっかくたかより》討伐のために出陣した時に、陣を敷いた**「鈎の陣」**で有名なところである。長享《ちょうきょう》元年（１４８７）10月4日、義尚は坂本から安養寺に動座したが、高頼はほとんど戦うことなく甲賀《こうか》に逃亡した。そのとき、戦いの長期化に備えて、狭小な安養寺から延暦寺僧真宝坊の居館に陣を移した。これが鈎の陣、また「鈎御所」と呼ばれたのである。義尚は、武家の棟梁でありながら歌会や古典講読などを嗜《たしな》み、この鈎の陣でも陣を移した翌年の長享2年4月16日に連歌《れんが》師の宗祇《そうぎ》を招いて伊勢物語の講読を、七夕には犬追物《いぬおうもの》を盛大に催すなど、都の文化がこの地でも華開いたといえる。

　街道を進むと、右手に入母屋《いりもや》造《づくり》 桟瓦葺《さんかわらぶ》きの長屋門が見える。このあたりを領有した旗本渡辺氏の代官を務めた**猪飼《いかい》正三郎家**である。同家では、家伝の小児薬・仙伝虫脱丸《せんでんちゅうだつがん》を製造販売していたようで、『改元紀行』にもその名がみえる。街道は、JR草津線の手原《てはら》駅への道を横切ると、角に**稲荷神社**が鎮座する。寛元3年（１２４５）、馬淵広政がこの地を領して勧請《かんじょう》したと伝えられている。江戸時代には傘のように枝を広げた傘松があったことから、「傘松の宮」とも呼ばれる。

　小野村に入り、小野の公民館の脇に西厳寺の碑が建つ。その脇に松の木が1本。ここは**「肩かえの松」**といわれ、街道を行く旅人がこの松の下で休憩し、荷物を掛けたり担いだりする肩を変えたのでその名がついたとされている。

➡渡辺氏代官猪飼正三郎家

間の宿・梅の木の「和中散」

街道をさらに進むと六地蔵村へ。村名は、平安時代小野篁《たかむら》が1本の木から6体の地蔵尊を造って安置したことに因むとされる。そして、ここは草津宿と石部宿の間に設けられた間《あい》の宿《しゅく》で、梅の木とも呼ばれた。ここには、葛飾北斎の浮世絵にも紹介された「和中散《わちゅうさん》」という漢方薬を製造・販売する店が数軒あった。

いまも、街道に面して間口10間あまりの**旧和中散本舗大角《おおすみ》家**が、当時の姿をとどめている。慶長16年（1611）、和中散を広めた本舗と伝えられ、代々大角弥右衛門と称した。屋号は伊勢屋ともいい、薬売りだけでなく、草津と石部間の小休所として参勤交代の大名などに利用された。建物は、元禄期以前のものは焼失し、元禄期に再建されたものが現在重要文化財に指定されている。店に隣接して、江戸中期に書院が増築され、池《ち》泉《せん》式の庭園も配されているとともに、看板や製薬の道具類も伝

⬆大角家に残る製薬の道具

わっている。

和中散大角家より手前、旧道が県道に接してカーブを描く手前に屋号を「鈴鹿川」と称する民家がある。「鈴鹿川」は清酒の銘柄で、壷型の看板が残る。また、同じあたりに六地蔵の一里塚があった。

大角家のななめ向いには**福《ふく》正《しょう》寺**がある。真宗大谷派に属し、『興福寺官務牒《ちょう》疏《そ》』に金《こん》勝《しょう》寺《じ》寺別院としてみえる多喜寺の後身といわれ、寛正7年（1466）僧正善《しょうぜん》のときに蓮如の教化で本願寺に帰したと伝えられる。この福正寺を核に寺内が形成されたともいわれている。

にぎわった新善光寺参り

街道は直角に右に曲がると、街道の辻に「新善光寺道　是れ

⬆旧和中散本舗大角家（栗東歴史民俗博物館提供）

より一町余」と刻まれた石標が建つ。街道を一町ばかり入ったところに**新善光寺**がある。同寺は、仁治《にんじ》年間（１２４０～１２４３）に当地の豪族小松左衛門尉宗定が長野善光寺に参詣、参籠中の夢告によって建長５年（１２５３）如来堂を建立し、善光寺如来の分身を安置したことにはじまるとされている。現在の本堂は、寛文元年（１６６１）に、当時の膳所《ぜぜ》藩主本多俊次が再建したものである。春秋の彼岸には、多くの参詣者でにぎわい、明治22年（１８８９）に関西《かんせい》鉄道（現ＪＲ草津線）が開業してからは、参詣客のために草津駅と石部駅の間に臨時の停車場が設けられたと新聞記事は伝えている。

　街道に戻り、少し進むと薬師堂がある。その門前に膳所藩の

⬆新善光寺

私領傍示石があり、「従是東膳所領」と刻まれている。これは、ここから東、つまり林村が膳所藩領であることを示したものである。

「下道」と「上道」

街道は林村から伊勢《いせ》落《おち》村へと続く。そして石部宿へと至るのであるが、伊勢落村から石部へと至る道筋は、もとは現在のJR草津線に沿って野洲《やす》川の流れに岩出山《いわでやま》が張りだした狭い部分を通っていたが、天和2年（1682）の野洲川の洪水によって堤防が切れ通行ができなくなった。そのため、伊勢落村の領主であり、石部宿の管理にあたっていた膳所藩主本多康慶《やすよし》は、川沿いの道筋から南の山道を切り開いて、18町8間（約1・9km）の迂回路を造り、山道を通る旅人の安全のために、石部宿から5軒の茶店を移した。これが五軒茶屋といわれ、地名にもなった。そして、川沿いの旧ルートを「下道《しもみち》」、新たに開かれた山間のルートを「上道《かみみち》」と呼んだ。しかし、新たな洪水を避けて山間を抜けるルートが開かれても、現実には旧来の道筋の方が高低差もなく近道であったため、洪水のとき以外は旧ルートを通る旅人も多かった。そのため、天和2年（1682）の新道開削以後は「近道禁制札」が建てられていたという。

➡灰山

　伊勢落から石部へと下道を行くと、右手に山肌を剥き出しに大きく削られた山が見える。**「灰山《はいやま》」**といわれ、石灰岩を産する。石灰岩を焼いて石灰を取り出し、建築用、医薬用、肥料などに用いられていた。石部宿では寛政5年（1793）に内《ない》貴《き》勘治が稼業として始めたのが最初で、文化2年（1805）には井上敬祐《けいすけ》も着手した。

鉄道や国道などへの継承

　草津宿で中山道を分岐して進んできた東海道。この草津宿から六地蔵村あたりまでは、東海道と中山道の分岐点としての機能を現在に至るまで継承し続けていることを忘れてはならない。明治22年（1889）に草津に初めて鉄道が走ったとき、東海道線と関西鉄道の分岐駅になり、関西鉄道と東海道線、また国道1号、8号の分岐、名神高速栗東インターチェンジの機能が、それぞれ東海道と中山道のルートを継承するもので、さらに名神高速と新名神高速が草津の地で分岐していることも、その機能を今後も継承していく証しである。

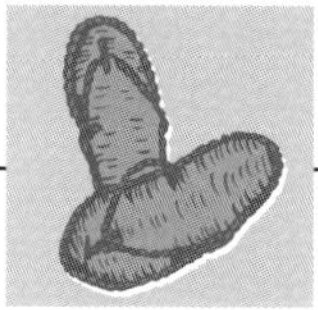

街道を描いた浮世絵

　昨今の旅ブーム。交通手段が便利になり、旅行社が安いパックツアーを企画し、また一方ではこだわりの料理や宿泊施設が雑誌に紹介されるなど、私たちの旅心をかきたてている。こうした旅に対する憧れと未知の土地への好奇心が旅をブームにした時代が過去にもあった。それは江戸時代で、街道や宿場の整備とともに、伊勢参りをはじめとする信仰に名を借りた旅が盛行した。当時の旅への誘いに拍車をかけたのが出版文化であり、とりわけ色彩豊かな浮世絵は旅先の風景を紹介したものとして注目された。それまで、役者絵や美人画が中心であった浮世絵は、歌川広重や葛飾北斎らの登場によって風景画という新しい分野が開かれ、街道筋の風景が紹介された。広重に続く絵師たちも、街道筋の風景を取り上げ世に送り出したことで、当時の街道や宿場の風景をうかがうことができるのである。

　東海道を紹介した浮世絵は相当数あり、描いた絵師たちもよく知られている歌川広重や葛飾北斎以外にも、歌川豊国、国芳、芳幾など多くの絵師が題材として取り上げている。

　なかでも、歌川広重は、大ヒットとなった保永堂版五十三次がある。これは、写実的に宿場やその近郊の特徴ある風景を紹介している。

　その後、広重は『近江八景』『木曽街道』などを発表したあと、天保後期（１８４０年前後）に、『行書東海道（江崎屋版）』と『狂歌入東海道（佐野喜版）』を世に出した。『狂歌入』の作画に至る経緯は明らかではないが、広重は狂歌師仲間との交友が多かったとされている。『狂歌入』の各図は誇張した表現を抑えた素直な構図が多く、巧みな構図が多い保永堂版に比べて情感には乏しい反面、横中判の小さい図にもかかわらず詳細な筆致と丁寧な彫りによって街道風景をよく伝えている。

　広重の東海道五十三次のシリーズはいくつもあることから、先の保永堂、伊勢利などといった版元名で区別したり、題箋《だいせん》部分の文字が行書《ぎょうしょ》、隷書《れいしょ》で書かれていることから行書版、隷書版と呼ばれたりして区別されている。

これらの浮世絵は、墨一色で摺られた名所図会とは異なり、カラー摺りで、当時の人々の一層の旅心をかき立てたのである。

⬆歌川広重画『東海道五十三次・大津（行書版）』（草津市蔵中神コレクション）

⬆歌川広重画『東海道五十三次・大津（隷書版）』（草津市蔵中神コレクション）

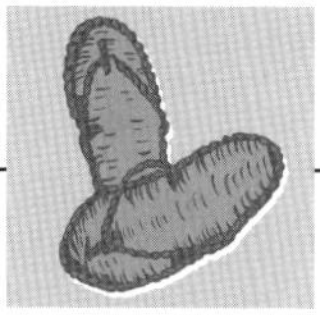

おかげまいり〜伊勢への旅

東海道は伊勢参りの道筋でもあった。伊勢参りは、江戸時代に伊勢の御師《おんし》という人々によって各地で伊勢講が組織され、伊勢へ旅に出かけたものだ。

おかげでさ　するりとさ
抜けたとさ

これは、道中唄で60年に一度訪れる伊勢参りのブームを唄ったものである。

おかげまいりとは、領主や主人の許しを得ない抜けまいりに端を発したもので、短期間に大勢が伊勢へと参詣する現象で、各地の老若男女が、旅支度もせずに着のみ着のままで大挙して旅立ち、街道筋の宿場や村々では、それらの人々に対して金米を施行して手助けした。

江戸時代に起こったおかげまいりの群参は、慶安３年（１６５０）、宝永2年（１７０５）、明和８年（１７７１）、および文政13年（１８３０）が知られている。

慶安３年のおかげまいりは、江戸の商人たちにはじまり、白衣装の旅人たちは伊勢へと向かった。このとき、箱根の関所を通った人々は1日２５００人にものぼっている（『寛明日記』）。また、宝永２年には、本居宣長の『玉勝間《たまかつま》』に4月9日からの５日間に３６２万人が伊勢へと向かったと記されている。

明和８年の群参について、石部宿の「宿帳」（東海道石部宿歴史民俗資料館蔵）には、４月８日からおかげまいりの一行が通りはじめ、まず丹波田辺（京都府舞鶴市）の者、そして和泉（大阪府）、山城（京都府）、摂津（大阪府・兵庫県）、若狭（福井県）、さらに近江の人々がおびただしい数で通っていったと記されている。つぎの文政13年のおかげまいりについて、同じく「宿帳」に少し記録がある。

文政13年のおかげまいりは、それまで幾度かのおかげまいりに増して、人々の熱狂が頂点に達したものであった。阿波（徳島県）の寺子屋の子供たちの抜けまいりに端を発し、西国を中心に一気に広がっていった。『御蔭参宮《おかげさんぐう》文政神異記』によると、3月晦日から閏《うるう》3月29日までに２２８万１２００人、4月朔日から晦日までに１４４万４００人、５月朔日から晦日までに34万２４００人、そして6月朔日から20日までに21万２８００人が伊勢へ向かった。このときのおかげまいりは、それまでとは異なり、派手な装束に身を包んで伊勢音頭を唄いながらの道中だった。歌川広重の描く浮世絵『東海道五十三次・石部《いしべ》（有田屋版）』にも、おかげまいりのときの風景ではないが、石部宿と草津宿の間にある立場・目川田楽を売る茶店とその前を踊りながら行く伊勢参りの一行が描かれている。

さて石部宿では、文政13年、20人から30人ほどの一行が、杓1本と茣蓙《ござ》1枚を持ってつぎつぎと通っていった。『伊勢御蔭参実録鏡』には、あちこちの小道に至るまで、人々が「雲霞《うんか》のごとく、蜘蛛《くも》の子を散せしごとく、きやり歌を歌うやら、流行歌を歌うやら、抜け参り親はやしを致すやら、えいやえいやのかけ声」を賑やかに唱えながら、あたり一面が人の山であったと記す。３月になると、石部宿にも阿波からのおかげまいりの一行の姿が目立つようになり、その後は播磨（兵庫県）、丹波（京都府・兵庫県）、大坂、京都や九州からの参詣者が通っていった。石部宿では、いよいよおかげまいりがはじまったと噂をする間もなく、1日何千、何万の旅人がやってきたのである。石部宿でも、彼らに飯や湯の施行をはじめた。夕刻には旅籠《はたご》屋はもちろん、商家や一般の民家も一軒残らず施行宿となって、それでも収容できないので、縄手や町々の番所で寝泊りする者もいたと、石部宿の「宿帳」は記している。また、京都二条城在番を勤めた渡部与右衛門は、彼の手紙に、道中の混雑ぶりは江戸の浅草市《いち》ほどの人出で、大きな旅籠屋では２００人から３００人もの旅人を泊めており、宿泊客は、布団も枕も借りず、腕枕で休む光景も見られたと記している。

このときの通行者数を隣の水《みな》口《くち》町奉行所が調べたところ通行者は、1日2万人程度であったとし、一説によると畿内の人々は、伊勢へ近いこともあって、8割近くの人々がおかげまいりに加わったとされている。

一方では、このおかげまいりの群参に乗じて、石部宿では宿泊料などの高値を抑制することや、幼年の者ばかりの旅には手助けする旨が触れられた。また、往来する多くの旅人のなかには、病気になるものもいて、たとえばおかげまいりの途中に播磨の百姓が病気で倒れたことなども記録に残されている（「膳所《ぜぜ》藩記録」）。

⬅歌川広重画『東海道五十三次・石部（保永堂版）』（草津市蔵）

石部宿から水口宿

京発ち石部泊まり

石部宿《いしべじゅく》

湖南市

▽JR草津線石部駅から徒歩15分（小島本陣跡）

家康も泊まった石部宿

東海道の伊勢《いせ》落《おち》村から五軒茶屋を経る新道と、JR草津線に沿って行く旧道が合流すると、わずかに松並木が残る。すると間もなく石部《いしべ》宿に入る。石部宿は、「京発ち石部泊まり」といわれたように、京都を朝出発すると、石部宿で一日の行程を終える距離であった。

石部の地は、古代に伊勢大路が通り、石部駅家《うまや》が置かれたとされる。『雅実《まさざね》公記』の長治2年（1105）8月の条には、伊勢勅使《ちょくし》を命じられた源雅実が、伊勢からの帰路「甲《こう》可《か》」を越えて「石部駅家」に至ったとある。また、明徳4年（1393）9月、足利義満は伊勢参宮の途中、この地で宿泊したことが『足利治乱《ちらん》記』に

見えている。さらに、元亀2年(1572)織田信長の下で、田中・植田・谷・蓮・平野の5ヶ村を併せて石部とした説もあり、戦国末期に町場が形成されていたと考えられる。『言継卿記』によれば、文禄4年(1595)に徳川家康もこの地で宿泊した記録が見えている。

その後、慶長6年(1601)徳川家康の伝馬《てんま》定書《さだめがき》によって正式に宿場となった。宿場の規模は、天保14年(1843)に人数1606人、家数458軒、本陣2軒、旅籠屋32軒を数えた。町並みは15町3間《けん》、京側から下横町、上横町、そして2回鉤《かぎ》の手をなし、そこから平野町・出水町・中町・谷町・大亀町・鵜ノ目町・小池町・西清水町・東清水町と続く。

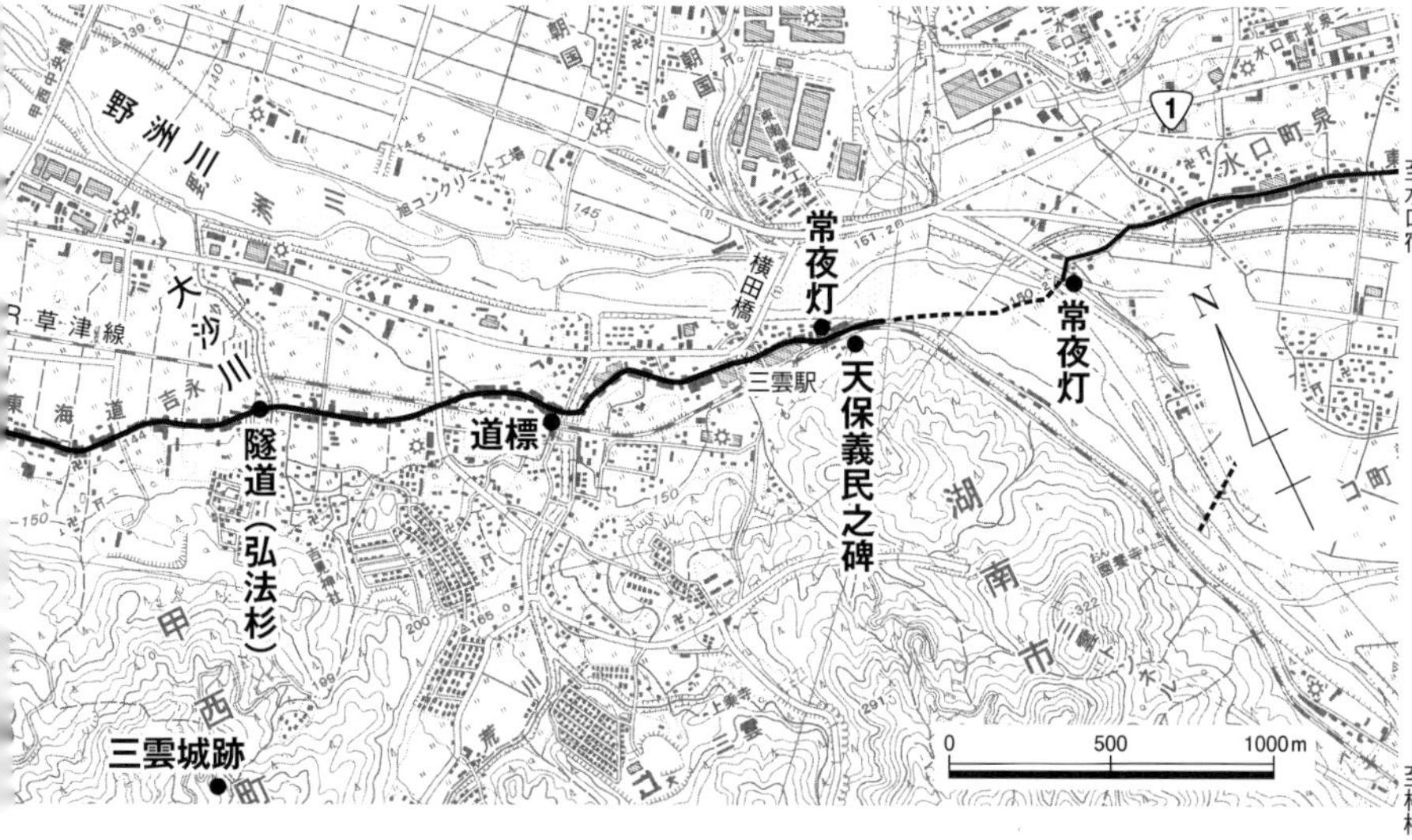

吉御子神社と本陣

宿場に入ると、一里塚跡がある。そして、2回目の鈎の手、左に折れる角に休憩所、石部宿田楽茶屋。街道は左に折れるが、街道と反対方向に入ると**吉御子《よしみこ》神社**が鎮座する。『延喜式《えんぎしき》』神明帳所載の甲賀郡八座のうち「石部鹿塩上神社」とする説も。現在の本殿は、京都上賀茂社の旧本殿を慶応元年（1865）に移築したもので、棟札《むなふだ》とともに重要文化財に指定されている。鳥居手前には、明治元年（1868）明治天皇行幸の際の内侍所奉安所となったとされ、「内侍所御泊輦遺跡」の石碑が建つ。

ふたたび街道に戻って上横町に入ると、右手に**愛宕《あたご》神社**があるが、これは石部宿内で最も古いものであるといわれている。しばらく行くと**真明寺**。境内には「つつじいけて　其陰に干鱈さく女」という松尾芭蕉の句碑が建つ。そしてその先には、石部宿に2軒あった本陣のうちの**小島本陣跡**。小島本陣を勤めた小島氏は文禄4年（1595）、徳川家康の宿所となった吉川

⬆石部宿の鈎の手

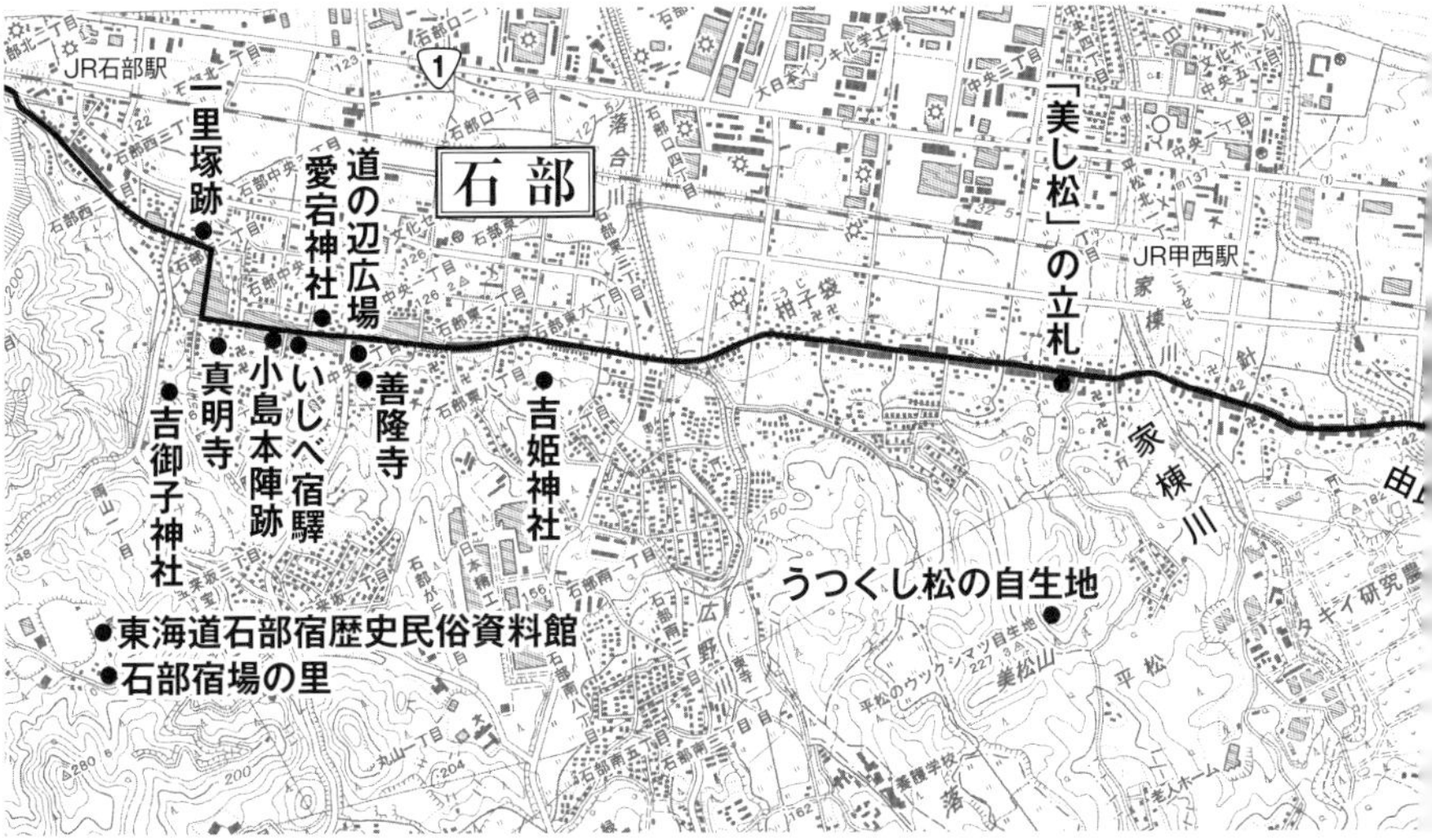

至草津宿
JR石部駅
一里塚跡
石部
道の辺広場
愛宕神社
真明寺
小島本陣跡
いしべ宿驛
善隆寺
吉御子神社
吉姫神社
「美し松」の立札
JR甲西駅
家棟川
うつくし松の自生地
東海道石部宿歴史民俗資料館
石部宿場の里

⬆吉御子神社

⬆石部宿の小島本陣跡

半兵衛の系譜にあり、慶安3年（1650）に創建。そして小島金左衛門は膳所《ぜぜ》藩主本多俊次・康将《やすまさ》に使え、その功によって承応元年（1652）に本陣職を拝命している。間口は21・5間、部屋数26室の規模であったが、現在は昭和6年に建てられた「明治天皇行在所」の碑が建つのみである。

数軒先には宿場の案内施設である「**いしべ宿驛《しゅくえき》**」がある。

もう一軒の本陣は三大寺本陣。小島本陣より東にあった。三大寺本陣は代官吉川源蔵の娘婿三《さん》大寺《だいじ》信尹《のぶただ》が、吉川氏の勧めで寛永5年（1628）に本陣職を拝命した。

石部宿場の里

街道を進むと大きな交差点がある。角には**ポケットパー**

⬆石部宿場の里

ク「**道の辺広場**」が設けられ宿場町をイメージしたものである。交差点を右に折れ、少し坂を上ると浄土宗**善隆寺**。天正元年（1573）覚誉的応の開基と伝えられ、慶長3年（1598）六角義賢《よしかた》の旧臣石部家清《いえきよ》が、伝弘法大師筆の六字名号をその寄進状を納めたことで知られる。さらに坂を上ると雨山文化運動公園があり、東海道石部宿歴史民俗資料館や宿場の一部が再現された**石部宿場の里**がある。

街道に戻って東へ進むと、右手には**吉姫《よしひめ》神社**。江戸時代には上田（植田）大明神と称し、この神社も吉御子神社と同じように『延喜式』神明帳所載の甲賀郡八座のうち「石部鹿塩上神社」とする説もある。社蔵の木造狛犬《こまいぬ》は南北朝時代の作と伝えられる。

⬆道の辺広場

浮世絵に描かれた美し松

街道は石部宿を出て落合川を越えて道は直線に進んでいく。右柑子袋《こうじぶくろ》を過ぎ平松に入る。右手に「美し松」と書かれた小さな立札があるが、そこを右に折れて山の中へはいっていくと住宅地が開ける。さらに坂を上ると右手に松林が広がる。それも、普通の松とは異なり、枝が根元からいくつもに分かれている。阿星山《あぼしやま》に続く平松山のふもとにある天然記念物**うつくし松の自生地**で、約1・8haの斜面に400本余りの松が群生している。この美し松は、平安時代、藤原頼平《よりひら》なる人物が、当地を訪れたとき、突然娘があらわれて、松尾明神からお供を命じられて、あたりの山を見渡すと周囲の雑木林が、瞬く間に美し

⬆吉姫神社

い松林にかわってしまったといわれている。歌川広重も浮世絵に描き、『東海道名所図会』にも紹介されている。江戸時代も、珍しい松の群生地として旅人は立ち寄って行ったのだろう。

隧道と弘法杉

さて、街道は平松からしばらく行くと家棟《やなむね》川を越える。この家棟川は、街道より川底が高い天井川である。明治19年（1886）には隧道《ずいどう》が掘られ、それ以後街道は川の下をくぐっていたが、草津線の甲西《こうせい》駅開業の際の河川改修によって河川が平地化され、今は橋で川を越える。

家棟川を越えると針村。そして天井川の由良谷《ゆらだに》川をくぐると夏見村。ここは『伊勢参宮名所図会《ずえ》』にも「此所桜川の銘酒、

↑美し松の自生地

↓歌川広重画『五十三次名所図会・水口』（草津市蔵）

又四季ともに心太《ところてん》を售《う》る茶屋多し」と紹介されているところてんと銘酒桜川を売る立場《たてば》があった。

　夏見村のつぎが吉永村である。両村の境に**大沙川**《おおすながわ》が流れる。この川も天井川で、街道は川の下をくぐっている。**隧道**は「吉永のまんぽ」とも呼ばれ、明治10年（1877）の起工、明治17年に完成した。高さ3・4m、

弘法杉➡

⬆大沙川隧道

長さ21・82mで、幅は4・55m。堤の上には、幹の周囲4・5m、樹高25m、樹齢750年といわれる大杉が聳《そび》える。これは**「弘法杉」**といわれ、弘法大師がこの地を通りかかったとき、大変景色がよかったので昼食をとり、その時使った杉箸を堤にさしたところ、箸は朽ちず、後に成長して大杉になったと伝えられている。2本並んで立っていたが、安永2年(1773)の大風によって1本が倒れ、現在の1本が残っている。

杣街道との分岐点・三雲

吉永村から少し進むと、県道を横切り、草津線の踏切を越える。この県道は現在の杣《そま》街道。県道を右手に取ると、三雲《みくも》トンネルを抜けて貴生川《きぶかわ》、深川から寺庄、大原を抜けて柘植《つげ》へと至

⬆妙感寺道標

⬆天保義民之碑

⬆横田渡しの常夜灯

る。

　ここ、三雲は長《ちょう》享《きょう》2年（1487）に三雲典膳が築いた三雲城のあったところで、元亀元年（1570）佐久間信盛の攻撃を受けて落城。吉永城に関連する三雲屋敷ともいわれ、永禄11年（1568）に六角義賢が逃れてきたという記録が残っている。なお、廃城となった三雲城の石垣などの用材は天正13年（1585）に水口《みなくち》岡山城が築かれた際に持ち去られたといわれている。

　街道を進むと三雲村に入る。ここは中世には近江守護六角氏の家臣三雲氏の支配を受けたところで、東海道は荒川を渡るが、橋のたもとには「田川ふどう」「立志神社」の石碑とともに、寛政3年（1791）に建てられた**「霊照山妙感寺従是十四**

↑泉の常夜灯

丁」「万里小路藤房卿古跡」と刻まれた道標がある。妙感寺は臨済宗妙心寺派の寺院で、南北朝時代に万里小路（藤原）藤房が出家して開いたと伝えられている。

JR三雲駅の手前の左手には**「明治天皇聖蹟」**の碑が建つ。植木屋という宮津藩の御定宿《じょうやど》であったところで、明治元年（1868）11月3日に明治天皇が休憩して以来、明治20年までに9回もの休憩に利用された。

JR草津線の三雲駅前の交差点を過ぎると、右手の伝芳山《てんぽうざん》の中腹に**「天保義民之碑」**が建つ。天保13年（1842）、幕府の不正な検地に抗議して立ち上がった農民らが、検地10万日の日延べを勝ち取った。しかし、一方で多くの犠牲者を出したので、その霊を弔うために明治31年（1898）に建立されたものである。

東海道は、ここから対岸の泉へと横田川を渡る。渡し場には安永8年（1779）に東講中によって寄進された火袋付きの**常夜灯**が建つ。

東海道最大規模の常夜灯

川を越えずにまっすぐ進めば、深川、大原を経て柘植へと至る杣街道。今は橋がないため、JR草津線の三雲駅まで戻り、国道1号の横田橋の歩道を渡り、国道1号の泉の交差点から右手に道をとる。

江戸時代の横田の渡しは「東海道十三渡し」のひとつに数えられ、室町時代には京都の西芳《さいほう》寺《じ》が「横田河橋」を管理し、橋銭を徴収したことが記録に見えている。江戸時代には、増水期の3月～9月は渡船、渇水期の10月～翌年2月は土橋を築いて旅人を渡していた。泉には東海道筋でも最大の規模を誇る**常夜灯**が建つ。文政5年（1822）に、京都や大坂の人々を含む万人講によって建立されたものである。玉垣を含めた総高は7mで、東海道筋でも最大の規模を誇る。灯籠の竿には金毘羅《こんぴら》大権《だいごん》現《げん》と刻まれており、金毘羅が航海安全の守護であったことから、川越しの安全を願って建立されたものであろう。現在、常夜灯の周辺は公園として整備されている。また川岸には、かつてこの常夜灯のすぐそばに対岸の三雲まで橋が架けられており、その名残もみられる。

間の宿・梅の木を訪ねる

地図→P.62

電車で▷ JR 草津線手原駅から徒歩30分、または車で10分（旧和中散本舗大角家）
車　で▷名神栗東 IC から５分（旧和中散本舗大角家）

鈎の陣跡 永正寺《まがりのじんあと えいしょうじ》

六角氏を追って鈎の山徒真宝坊の居館だった真宝館に陣を敷いた足利義尚は、この陣所で25歳の若さで没した。現在の永正寺の地にあったといわれる。

☎077-552-0071　▷JR草津駅からバス上鈎下車、徒歩10分、名神栗東 IC から10分　🅿普通車２台

旧和中散本舗大角家《きゅうわちゅうさんほんぽおおすみけ》

家康の腹痛を治したという薬「和中散」を売っていた。薬の製造販売のほか、草津宿と石部宿の「間の宿」として、公家・大名などの休憩所も務め、贅を尽くした玄関や欄間などが保存されている。国の重要文化財で、庭園は国の名勝。

☎077-552-0971（要予約）　¥400円　▷JR 手原駅から徒歩30分、または車で10分、名神栗東 IC から５分　🅿普通車５台、大型車３台

新善光寺《しんぜんこうじ》

鎌倉時代中期に創建。客殿には重要文化財である木造阿弥陀如来立像が安置されている。客殿前の枯山水の庭園は、三上山・菩提山を借景にした庭園で、中央の築山・クスノキやマキの大木・石組みや刈り込みのサツキ・杉苔などで構成されている。手水鉢や踏み石に転用されている堂塔の礎石などが重厚で趣がある。

☎077-552-0075　▷JR 草津駅からバス高野下車徒歩５分、またはJR手原駅から徒歩45分、名神栗東ICから10分　🅿普通車５台、大型車１台

石部宿を訪ねる

地図→P.74

電車で▷ JR 草津線石部駅から徒歩15分（小島本陣跡）
車　で▷名神栗東 IC から15分（小島本陣跡）

吉御子神社《よしみこじんじゃ》

崇徳天皇の頃に開基された古社。本殿は幕末に京都上賀茂神社の旧本殿を移築したもの。祭神の吉彦命坐像は、藤原時代の作とされる。厄除け、安産、交通安全の守護神でもある。

☎0748-77-2246　▷JR石部駅から徒歩15分、名神栗東 ICから15分　🅿普通車10台

吉姫神社《よしひめじんじゃ》

吉姫神社（女神）は、西の吉御子神社（男神）と対の関係にある。社蔵の木造狛犬は南北朝時代の作という。境内には万病に効くという宮前の湧水が湧いている。両神社の例祭は５月１日に行われ、大御輿や子ども御輿が氏子中を巡行する。

☎0748-77-2520　▷JR石部駅から徒歩30分、名神栗東 ICから20分　🅿普通車２台

石部宿場の里《いしべしゅくばのさと》

旅籠や関所、農家など宿場町の建物が再現され、石部宿の歴史を伝える「東海道石部宿歴史民俗資料館」も隣接。幕府直轄であった小島本陣の20分の１の模型も見られる。

☎0748-77-5400　休月曜日（祝日の場合は翌日）・祝翌日・年末年始　¥320円（20名以上260円）　▷JR石部駅から徒歩15分、またはバス石部中学校前下車徒歩10分、名神栗東ICから15分　🅿普通車200台、大型車20台

うつくし松の自生地《うつくしまつのじせいち》

美松山の斜面一帯に、国の天然記念物であるアカマツの変種が約210本自生している。主幹がなく、１本の根から枝が地表近くで放射状に分かれており、大小のうつくし松が群生するさまは見事。

☎0748-71-2331（湖南市観光物産協会）　▷JR甲西駅から車で５分、名神栗東ICから25分　🅿普通車30台

天保義民之碑《てんぽうぎみんのひ》

江戸幕府の不正な検地に抗議し、甲賀・野洲・栗太郡の農民が峰起。その犠牲者を弔う碑が伝芳山に建てられ、例年10月15日に、遺徳を讃える祭りが行われる。

☎0748-71-2331（湖南市観光物産協会）　▷JR三雲駅から徒歩５分、名神栗東 IC から30分

←歌川広重画『東海道五十三次・水口』（保永堂版）（草津市蔵）

水口宿から土山宿

城下町の風情を残した町並み

水口宿《みなくちじゅく》

甲賀市

▽JR草津線貴生川駅から近江鉄道に乗り換え、水口石橋駅下車、徒歩5分（水口宿本陣跡）

横田橋から水口宿へ

横田橋を渡って国道1号から入ってくると、**泉の常夜灯**を右手に、街道は左に折れる。すぐに一里塚跡で、一里塚を模した小塚が築かれている。小さな川を渡った右手に道標が建つ。泉の集落を経て、柏木の集落を抜けると、近年松並木が植樹された**北脇畷**《きたわきなわて》。そして、いよいよ水口《みなくち》宿である。北脇畷を過ぎると、街道の左手北側に石鳥居があり、鳥居をくぐると、**柏木神社**の馬場が延びる。このあたりを「馬場崎」と呼んだ。柏木神社は、柏木若宮社、柏木若宮大明神と称し、中世は柏木庄の鎮守であった。中世の後期には山中・伴《ばん》・美濃部《みのべ》の三家の崇敬をうけ、社蔵の「柏木三方中惣起請文」では、三家による神事

にかかる惣《そう》の存在が確認できる。安土城内の摠見寺《そうけんじ》楼門は、山中氏によって建立された柏木若宮社の楼門を、時を経ずして移築したものであることが記録に見えている。

柏木神社の石鳥居から街道を進めば林口。ここで、大きく街道は曲がるが、水口藩の成立時に武家屋敷地の西端にあたり、藩政期には木戸と番所が置かれ京口と称された。

水口宿の成り立ち

水口宿は、東西2㎞の宿場で、宿の西側は水口城の城下町でもあった。宿駅の機能を有するようになったのは室町時代のことで、「伊勢大路」と称したこの道筋は、足利義持《よしもち》や義教《よしのり》が、この地で休泊したことが記録にみえている。

⬆北脇畷

近世の水口宿が誕生するのは、慶長6年（1601）のことである。水口宿に下された伝《てん》馬定書《まさだめがき》が今に残る。天保14年（1843）の『東海道宿村大概帳』によれば、家数692軒、人口2692人、本陣1軒、脇本陣1軒、旅籠屋41軒を数えた。本陣は作坂町《つくりざかちょう》の鵜飼《うかい》伝左衛門家、天王町の儀峨《ぎが》彦之丞《ひこのじょう》家と堤文左衛門家があった。

水口宿の京側の入口から、街道を進む。北脇畷を過ぎて広い交差点を左に折れ、**五十鈴《いすず》神社**の手前を右に曲がる。近世は神明社と称し、境内の右手に林口一里塚があった。そして、突き当たりを左に、そして右に2回鉤《かぎ》の手に折れ、ふたたび左に折れる。これは水口城の大手を迂回するために屈曲させてあり、

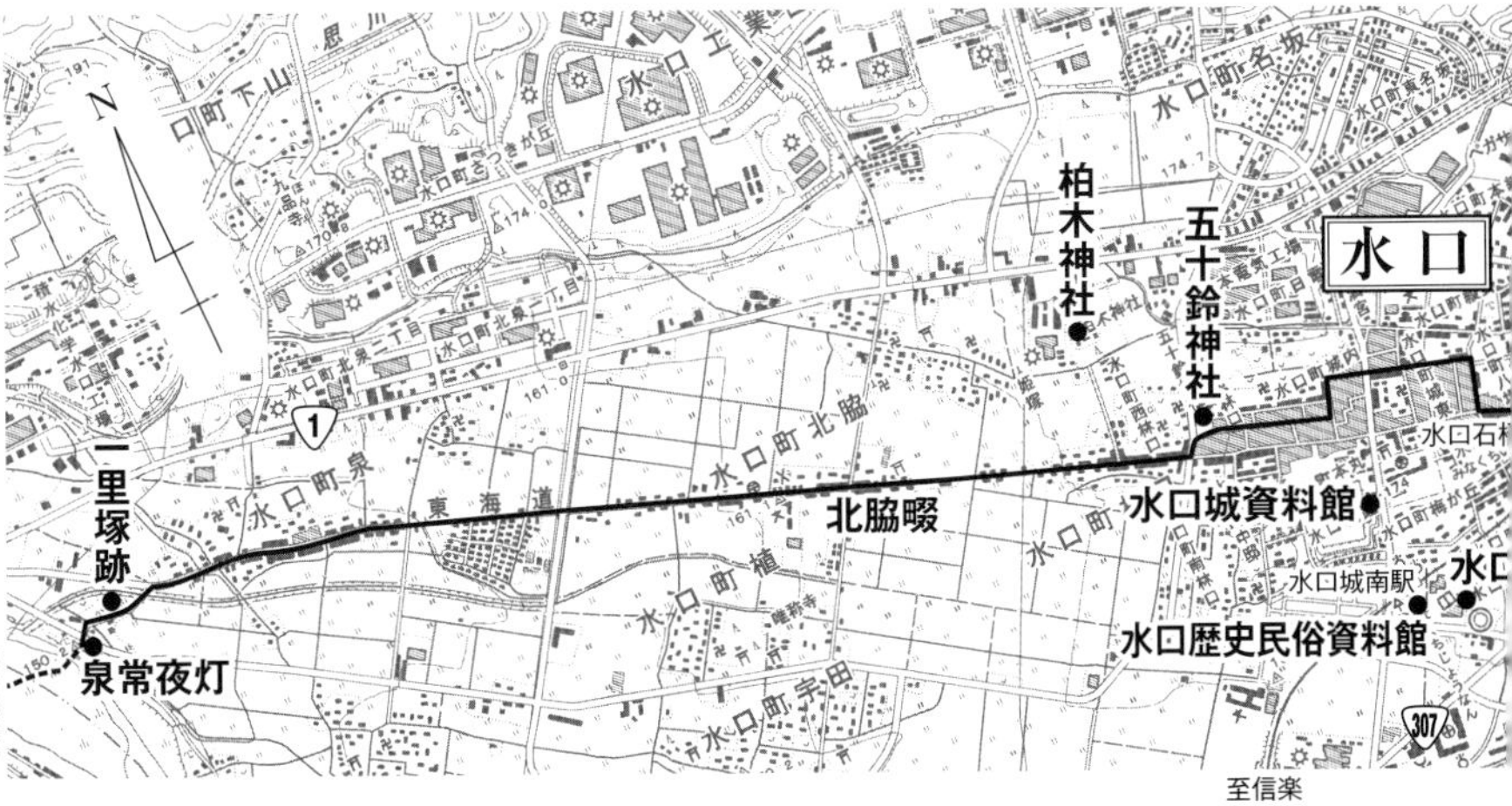

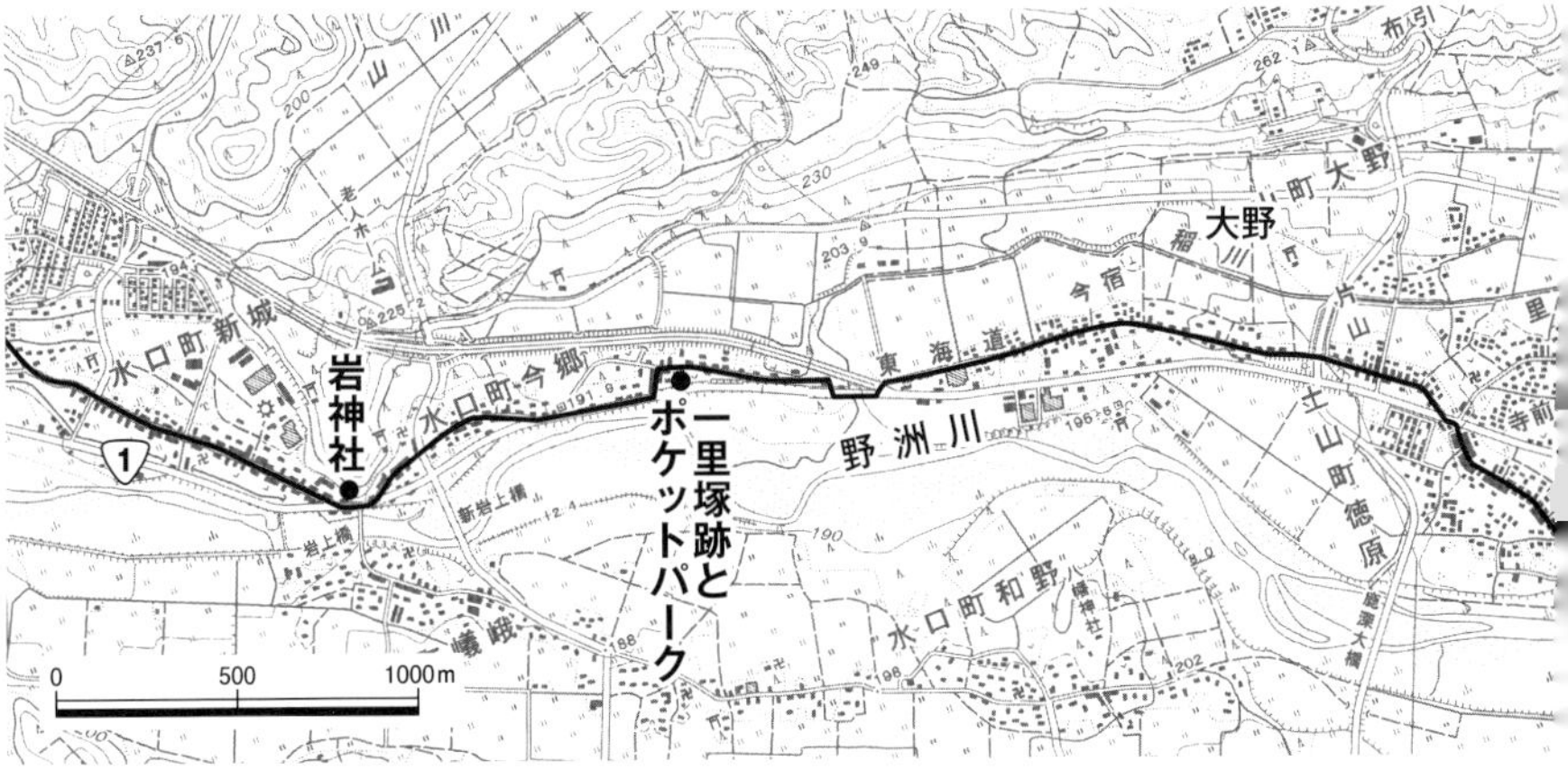

➡柏木神社

ここは地図をもって歩かないと水口城の前をまっすぐ通ってしまう。しかし、堀に水をたたえ碧水《へきすい》城とも呼ばれた水口城の遺構と角櫓《すみやぐら》を模した**水口城資料館**へは立ち寄ってみたい。

⬆水口城資料館

徳川将軍の宿・水口城

水口城は、寛永10年（1634）に3代将軍徳川家光の上洛に際して築かれ、「御茶屋」と呼ばれた。野洲《やす》川の低位段丘《だんきゅう》上に伏流水を利用した水堀と石垣で囲まれ本丸と二の丸からなり、本丸には将軍家の休泊に供せられるように殿舎がならんでいた。城の築城は、小堀政一《まさかず》（遠州）と島光安が作事奉行に任じられ、京都の大工頭中井家支配の大工たちが動員され、わずか2年間で完成した。しかし、この城の利用は、家光上洛帰途の寛永11年8月6日の1泊のみあった。その後、天和2年（1682）に石見《いわみ》より加藤明友が入部して水口藩が成立。城下の整備などを行った。

⬆水口曳山祭

⬆古城山（中央）と野洲川

水口曳山祭

迂回していた街道が左に折れるところが天王口御門跡。街道は左へ折れて進んでいくが、少し右手に入り、すぐに左へ曲がると宿内から信楽《しがらき》へと通じる道筋である。その道を進めば近江鉄道の線路を越え、すぐに水口神社がある。水口神社は『延喜《えんぎ》式《しき》』神明帳にみえる「水口神」に比定され、中世には美濃部大宮大明神、江戸時代には水口大宮大明神、水口大宮といった。この神社の祭礼は、宝永年間（１７０４〜１７１０）に風流の練り物が出るようになり、享保《きょうほう》20年（１７３５）から曳山《ひきやま》の巡行が恒例化し、現在の**水口曳山祭**がこれである。

享保20年（１７２５）は、９基の曳山が巡行して藩邸に繰りこんだともいわれ、多いときには30基余りの曳山があった。現在は16基の曳山があり、毎年そのうちの6基が巡行する。この水口の曳山は、「二層露天式人形屋台」という構造で、複雑な木組や精巧な彫刻が施され、屋上に「ダシ」と呼ばれる作りものをのせているのが特徴である。4月19日は宵宮《よいみや》祭、20日が本宮《ほんみや》祭。

大岡寺と水口岡山城

街道は近江鉄道の踏切を越える。踏切のすぐ右手が水口石橋駅。踏切を越えると石橋がある。水口宿の京側入口が林口に移る

⬆水口石橋で道が３本に分かれる。中央の道が東海道

⬆東目附のポケットパーク

←大野の茶畑

までは、この石橋が京側の入口であった。橋を渡ると道は3本に分かれる。正面にからくり時計があり、3本の道筋の真ん中が東海道。ここからは3本の道が紡錘《ぼうすい》状になっており、これは、かつて岡山城の城下が築かれた天正13年（1585）にさかのぼるとされる。

しばらく進むと、左手に大岡《だいこう》寺《じ》、その裏手が**古城山**で、水口岡山城が築かれた。大岡寺へ至る交差点を過ぎると、右手に問屋場跡。そして**石橋**で3本に分かれた道筋が合流する手前左手に高札場が、合流点には**本陣跡**がある。また、高札場も復元されている。街道は少し上りになり、旧国道を越えると**東見附**《ひがしみつけ》で、冠木門《かぶきもん》とポケットパークがある。東見附手前を右手に折れて、街道は一路土山宿へと向かう。

水口岡山城は、天正13年（1585）に羽柴秀吉が、家臣中村一氏《かずうじ》に命じて大岡山に築かせたもので、中村氏のあと増田《ました》長盛、長束《なつか》正家が入城するが、関ヶ原の合戦で落城した。また、大岡寺は岡観音とも呼ばれ、『百練抄《ひゃくれんしょう》』の天仁2年（1109）2月25日の条に、源義綱がここで出家したことが知られる。境内に「命二つの　中に生まれたる　桜かな」と刻まれた松尾芭蕉の句碑が建つ。松尾芭蕉は、貞享《じょうきょう》2年（1685）に、ここ水口を訪れ、門人や同行の人々と交流した。

水口・土山間の立場「大野」

水口宿を抜けて、しばらく行くとふたたび旧の国道に出る。『伊勢参宮名所図会』にも描かれた「岩神」がある。そして今

⬆今宿の一里塚跡

郷に入る。今郷には一里塚があったが、現在その跡はポケットパークとして整備されている。東海道は国道1号のバイパスを大野西の交差点で横切るが、江戸時代の旧道はバイパスの下をくぐっている。

街道は国道1号を渡って**大野の集落**に入る。大野は中世に甲《こう》賀《か》五十三家の大野氏が出たところで、江戸時代には水口宿と土山宿間の立場《たてば》であった。三軒屋立場といい、現在は「明治天皇聖蹟」の碑が建つ。大野の名物は焼鳥で、大田南畝《なんぽ》の紀行文『改元紀行』の中に、焼鳥を食べた記事がみえる。さらに大野の集落を抜けると若王《にゃくおう》寺の交差点でふたたび国道を渡る。若王寺は、開祖が最澄と伝えられ、宝永8年（1874）に再建された。徳原の集落に入る。しばら

⬆垂水斎王頓宮跡

く街道を進むと、両側に松並木が続く。大野立場の跡には「明治天皇聖蹟」と刻まれた碑が建つ。立場を過ぎ、大野公民館の前には布引山の風情を詠んだ「あらしふく　雲のはたてのぬきうすみ　むらぎえ渡る　布引の山」の歌碑がある。

　さらに街道を進み、大野小学校を過ぎ、家並みが少し途切れると両側に松並木が続く。また、「従是東淀領」と刻まれた傍示石があり、山城淀藩領であった市場村の東西にあったものと思われる。松並木が切れると大日川を渡ると市場の一里塚の石碑。

瀧樹神社と垂水斎王頓宮跡

　そして、前野の集落。応永31年（１４２４）の『室町殿伊勢参宮記』にもその名が見える。右手に見える森が**瀧樹《たぎ》神社**で、

⬆白川橋付近で野洲川の流れが分かれる

毎年5月3日の例大祭ではケンケト踊りが奉納される。

国道を挟んで左手山側には、**垂水《たるみ》斎王頓宮《さいおうとんぐう》跡**がある。斎王は、天武期から鎌倉時代にかけて、未婚の内親王から選ばれ、都で丸2年の潔斎《けっさい》のあと、数百人の従者を伴って伊勢へと向かった。これが斎王群行で、古くは伊賀を経由していたが、仁和《にんな》2年（886）に、東海道が鈴鹿を越えるルートに変更された。その斎王が、伊勢へ向かう際に利用した休泊所で、鈴鹿峠を越える前の宿泊所として使用された。茶畑の中に土塁をめぐらせた区画があり、なかに小さな祠が祀られている。

御代参街道との分岐点

野を過ぎると**白川橋**で野洲川を渡る。この橋の下手で野洲川

⬆ケンケト踊り当日の瀧樹神社

⬆御代参街道との分岐点

の流れが二つに分かれる。本流は松尾川、そして支流を田村川と呼ぶ。街道は国道から右手に入っていくが、その手前、国道の左手に道標が2基建つ。文化4年（1807）の「右　北国たが街道　ひの八まんみち」と刻まれた日野の豪商中井氏が寄進した道標と、天明8年（1788）の「たかのよつぎかんのんみち」と刻まれた道標である。ここは**御代参《ごだいさん》街道との分岐点**にあたり、左山手方向に折れていくと、笹尾峠を越え、日野、八日市《ようかいち》を経て中山道《なかせんどう》の愛知川《えちがわ》の先にある小幡《おばた》（東近江市）で中山道に合流する。『伊勢参宮名所図会』にも描かれ、東海道から多賀大社参詣の経路として用いられていた。

水口宿を訪ねる

地図→P.90

電車で▷ JR 草津線貴生川駅から近江鉄道に乗り換え、水口石橋駅下車徒歩５分（水口宿本陣跡）
車　で▷新名神信楽 IC から25分（水口宿本陣跡）

横田渡常夜灯（泉）《よこたのわたしじょうやとう》

水口が東海道の宿場町として栄えた頃の面影を残す史跡の一つ。文政５年（1822）に旅人の目印として建てられた石灯籠で総高7m以上。東海道随一の規模を誇る。

☎0748-62-7141（水口歴史民俗資料館）　▷JR三雲駅から徒歩15分、新名神信楽ICから25分　🅿普通車５台

柏木神社《かしわぎじんじゃ》

中世は柏木庄の鎮守で、中世後期には山中・伴・美濃部の三家の崇敬をうけた。安土城内の摠見寺楼門は、山中氏が建立した当社の楼門を移築したものと伝わる。

☎0748-65-0708（甲賀市観光協会）、0748-65-0708（水口町観光協会）

水口城資料館《みなくちじょうしりょうかん》

水口城の石垣の上に角櫓が復元され、水口城資料館として公開。武具や史料、築城当時の100分の１の模型など水口城に関する資料が展示されている。

☎0748-63-5577　休月曜日・年末年始　¥100円　▷近江鉄道水口城南駅から徒歩５分、新名神信楽ICから20分　🅿普通車30台

水口神社《みなくちじんじゃ》

平安時代の『延喜式』に記録されている式内の古社。江戸時代には水口宿の繁栄とともに社殿が整備された。神像の木造女神像は国の重要文化財。例年4月20日には「水口曳山祭」が行われる。
☎0748-65-0708（水口町観光協会）　▷近江鉄道水口城南駅から徒歩３分、新名神信楽ICから20分
🅿普通車20台

古城山（水口岡山城跡）《こじょうさん（みなくちおかやまじょうあと）》

大岡山とも称し、標高約283m。戦国時代、この山に水口岡山城が築かれていたが、関ヶ原の戦いのときに落城した。現在は石垣がわずかに残っている。

☎0748-65-0708（甲賀市商工観光課）　▷JR貴生川駅からバス水口小学校下車すぐ、新名神信楽 IC から25分　🅿普通車10台

垂水斎王頓宮跡《たるみさいおうとんぐうあと》

斎王とは天皇が即位するたびに伊勢神宮に奉仕する未婚の皇女のことで、皇女の一行が伊勢の斎宮まで群行する際の宿泊所が頓宮。垂水斎王頓宮跡は378年間に31人の斎王が訪れ、現在は国の史跡に指定されている。

☎0748-66-1101（土山町観光協会）　▷JR貴生川駅からバス白川橋下車、徒歩５分、新名神甲賀土山ICから５分　🅿普通車３台

頓宮大茶園《とんぐうだいちゃえん》

常明寺の鈍翁了愚が再興した際に、お茶の木を移植したのが土山茶の始まりといわれる。霧の多い土山の気候が良質な茶を生み、県下一の生産量を誇る。

☎0748-66-1101（土山町観光協会）　▷JR貴生川駅からバス新前野下車徒歩５分、新名神信楽ICから20分

瀧樹神社《たぎじんじゃ》

野洲川沿いに建つ神社。毎年５月３日の祭礼にはケンケトと称する踊りと花笠の花奪いが行われる。「近江のケンケト祭り・長刀振り」として国の無形民俗文化財。

☎0748-66-1101（土山町観光協会）　▷JR貴生川駅からバス東前野下車、徒歩５分、新名神甲賀土山 IC から５分　🅿普通車10台

土山宿から鈴鹿峠へ

鈴鹿の大自然に抱かれて

土山宿

つちやまじゅく

▽JR草津線貴生川駅から田村神社行きもしくは大河原行きバス30分、近江土山下車徒歩４分（土山宿本陣土山家）

甲賀市

⬅歌川広重画『東海道五十三次・土山（保永堂版）』（草津市蔵）

土山宿の成り立ち

いよいよ近江最後の土山宿である。土山の名は『如法寺殿紀行』に、嘉元《かげん》4年（１３０６）に土山を通った記事が見えるのを最初に、それ以後も紀行文などにしばしば名を見せている。中世段階で保内《ほない》商人が「土山馬方《うまかた》」への馬の手配を要請したことなどから、早くから交通にかかわる位置にあったことがうかがえる。

文禄4年（１５９５）には、慶長6年（１６０１）の伝馬《てんま》定《さだめ》書《がき》に名の見える伊奈忠次・大久保長安・彦坂元正が連署して、土山郷の伝馬飼料30石の屋敷年貢を免除している。東海道の宿駅として、正式に宿駅となるのは、慶長6年の伝馬定書が下されてからのことであるが、これ

に先駆けて、宿駅の機能を有していたといえる。

天保14年（１８４３）の『東海道宿村大概帳』によると家数３５１軒、人口１５０５人、本陣２軒、旅籠《はたご》屋44軒を数えた。

土山宿本陣土山家

南土山の交差点で、国道1号を越える。入口には東海道土山宿を示す看板が建つ。街道を挟んで左手が北土山、右手が南土山で、宿内には、宿場当時の職業や家号を記した石柱が建つ。吉川橋を渡る手前の右手、街道の裏手に**常明寺**《じょうみょうじ》がある。臨済宗東福寺派で、元明天皇が先帝の菩提を弔うため、和銅２年（７０９）から同5年にかけて建立したと伝えられ、貞和《じょうわ》5年（１３４９）に鈍翁了愚《どんおうりょうぐ》が九条経教の命を受けて中興した。

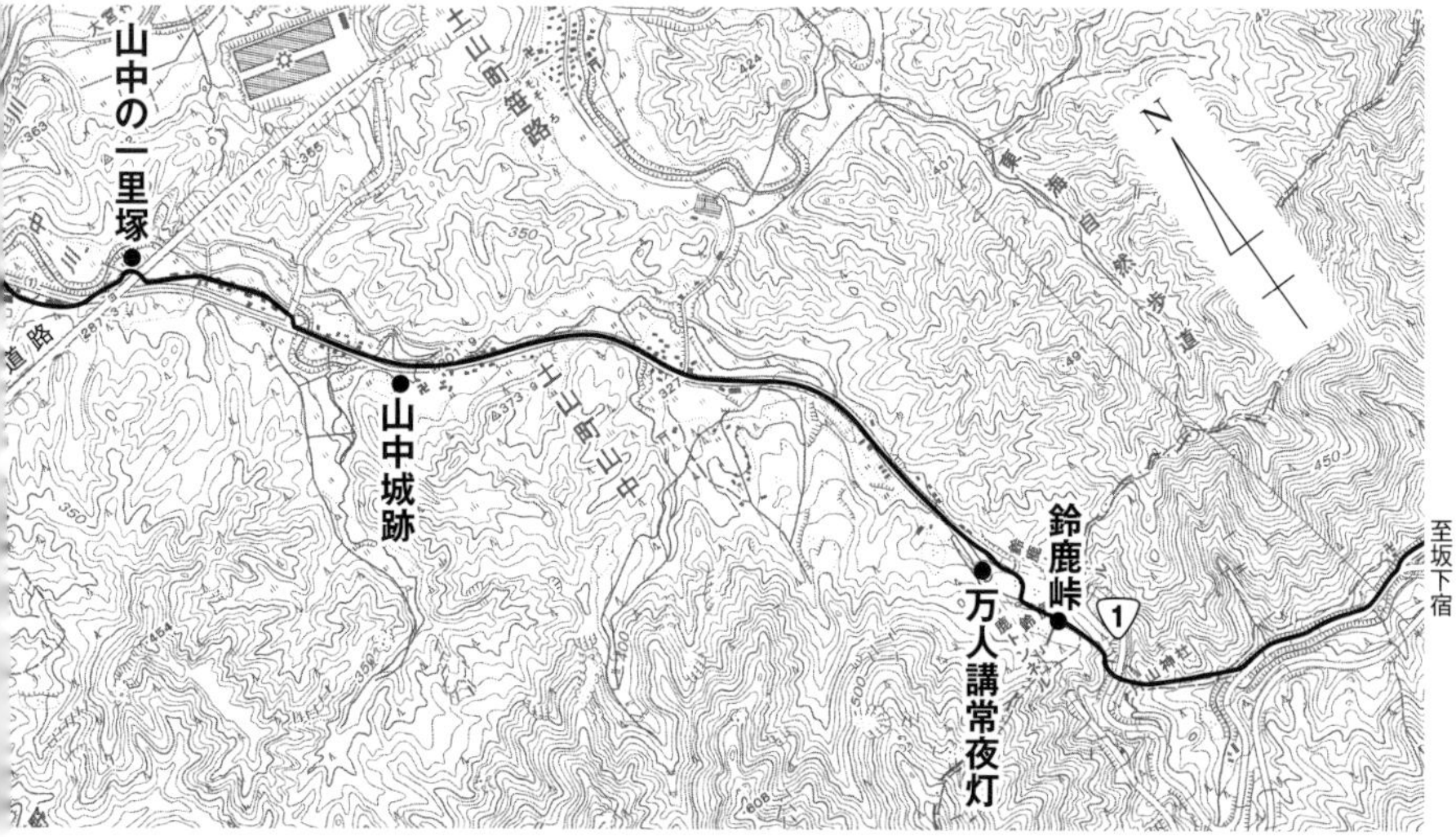

⬆常明寺

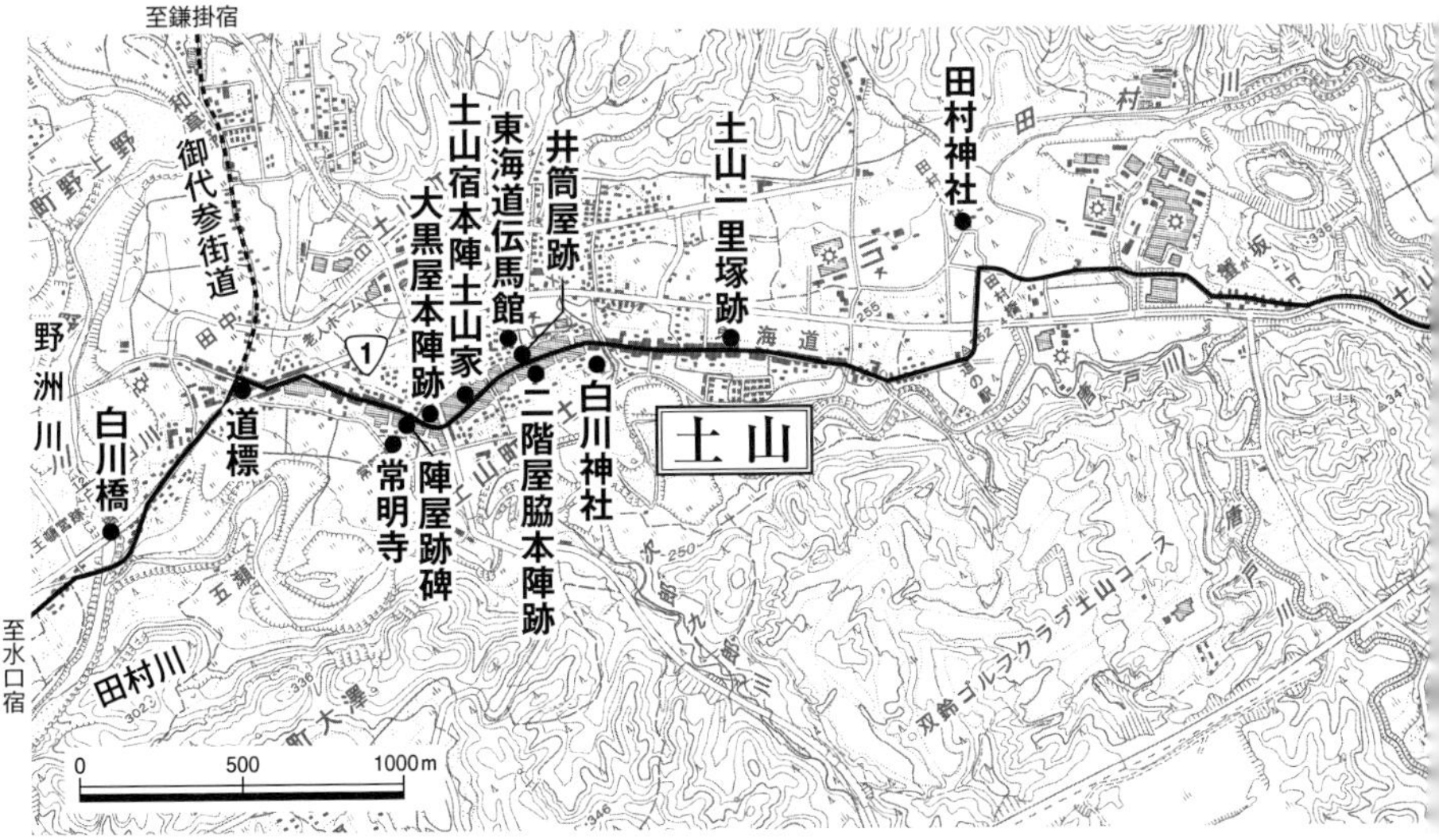

大般若波羅密多経《だいはんにゃはらみだ》は奈良時代のもので国宝になっている。江戸時代に住職であった松堂慧喬は俳人としても有名で、境内には松尾芭蕉の句碑「さみだれに鳰《にお》のうき巣を　見にゆかむ」がある。

吉川橋を渡ると、右手に陣屋跡の碑。その向かいには高札場跡、そして隣に大黒屋本陣跡の碑が建つ。

県道を越え、街道はカーブをしながら進んでゆくが、しばらくすると左手に**土山宿本陣土山家**が見える。

土豪土山氏の流れをくみ、寛永11年（1634）の将軍徳川家光の上洛に際して本陣となったと伝えられる。街道に面した建屋は、江戸期のものではないが、奥の座敷や上段の間、中庭などは当時の姿とともに、休泊者を記した宿帳や宿札などが残されている。

鷗外の祖父が没した井筒屋

土山宿本陣から少し進むと、左手に**東海道伝馬館**がある。問屋場があった跡で、土山宿の紹介とともに、地域の人たちの手で体験講座なども催されている。

その先左手に、二階屋《にかいや》堤《つつみ》氏の**脇本陣跡**、そしてその先に**井筒屋跡**の石碑が建つ。井筒屋は森鷗外《おうがい》の祖父白仙《はくせん》が旅の途中で、ここで没した。『小倉日記』には、鷗外が土山を訪れた時の記事が見える。

さらに東へ進むと、右手に**白川神社**がある。もとは牛《ご》頭《ず》天王《てんのう》社と称し、正徳3年（1713）に焼失したが、文久3年（1863）に再建された。例年8月に行われる土山祇園は

土山宿本陣跡

⬆宿札

⬆土山宿本陣土山家

⬆東海道伝馬館

滋賀県の選択無形民俗文化財に指定されている。そして来見橋を渡ってしばらく行くと、**土山一里塚跡**の碑が建っている。

　さらに街道を進むと街道は直角に左に折れ、国道1号を渡る。国道1号と交差する手前左手には道の駅あいの土山。現代版の立場《たてば》茶屋である。その向かいには、土山の名物・蟹《かに》が坂《さか》飴を売る店がある。

田村神社

　国道1号を渡ると**田村神社**の鳥居がある。東海道は鳥居をくぐってしばらく参道を進む。二つ目の鳥居のところで右手に折れる。すぐに田村川の流れがあり、現在は新しく田村橋が架かる。田村橋は板橋で、長さ20間余り、幅2間1尺で、安永4年（1775）に橋が架けられた。このあたりが宿の東端で、歌川広重の描く東海道五十三次の土山でも、雨の中、田村川を渡る行列を描いている。

　ちなみに、田村神社は江戸時代には田村大明神と呼ばれ、鈴鹿山の山賊退治で知られる坂《さかの》上《うえの》田村麻呂を祭神とする。

鈴鹿峠から伊勢国へ

　田村神社をあとに、街道はいよいよ鈴鹿越えの峠道に差しかかる。旧道は部分的に残るが、現在はほぼ国道1号に並行する。一部、国道1号の歩道を歩くことになるが、途中、猪鼻《いのはな》で、街道は左に入り家並みが続く。この猪鼻は草餅や強飯《こわめし》を売る立場が設けられていた。猪鼻の国道1号には赤穂《あこう》浪士の一人、大高源吾の「いの花や　早稲のもまる、やまをろし　子葉」と刻

⬆白川神社

⬆田村神社

⬆国道1号に新名神高速の高架がかかる

まれた句碑が建つ。

　街道は、鈴鹿スカイラインへと続く道路にあたるが、ここからしばらくは東海道の道筋は残っていないので、国道1号に出る。土砂採石場を右手に見ながらしばらく進むと、右手にふたたび旧道が現れる。そして国道を渡ると**山中の一里塚**。ポケットパークが整備され、鈴鹿馬子歌の碑が建つ。山中の集落を抜けると、また国道1号に出るが、右手に**山中城跡の碑**が建つ。建久5年(1194)に、鎌倉幕府から鈴鹿山守護と盗賊の鎮圧を命じられた土豪山中氏の居城である。

　田村神社から、鈴鹿峠へと登っていく途中、現代の東海道、新名神高速の高架をくぐる。そして、しばらく登っていくと旧道は右手に入っていくが、茶畑のなかに「金比羅大権現永代常夜灯」「万人講」と刻まれた自然石の**灯籠**が建つ。正徳年間(1711〜1716)ごろに、金毘羅まいりの講中が航海と道中の安全を祈願し、地元山中村や鈴鹿を越えた坂下宿、甲賀谷の人々の奉仕によって建立されたと伝えられており、今なお鈴鹿峠の目印となっている。灯籠から、茶畑のなかを抜け、峠まではわずかの距離である。

　峠の頂上を越えれば、もうそこは伊勢国。新たな旅路が始まる。

⬆万人講灯籠

地図→P.106

土山宿を訪ねる

電車で▷ JR 草津線貴生川駅から田村神社行きもしくは大河原行きバス30分、
近江土山下車徒歩４分（土山宿本陣土山家）
車　で▷新名神甲賀土山 IC から５分（土山宿本陣土山家）

常明寺《じょうみょうじ》

奈良時代中期に創建された臨済宗の禅刹で、貞和５年（1349）に京都の鈍翁了愚が再興した。このとき移植したお茶が土山茶の始まりと伝えられる。長屋王が発願した大般若経27帖は、国宝に指定されている。

☎0748-66-0030　▷JR貴生川駅からバス甲賀市役所土山支所下車徒歩５分、新名神甲賀土山 ICから５分　P普通車５台

土山宿本陣土山家《つちやまじゅくほんじんつちやまけ》

土豪土山氏の流れをくみ、将軍徳川家光の上洛に際して本陣となったと伝わる。奥の座敷や上段の間、中庭などは当時の姿とともに、休泊者を記した宿帳などが残されている。

☎0748-66-0007（要予約）　¥300円（団体250円）　休月曜日

東海道伝馬館《とうかいどうてんまかん》

土山宿の歴史や文化を学べる情報発信施設。館内には、東海道や宿、伝馬制度をテーマにした展示や、問屋場の復元展示、体験工房などがある。

☎0748-66-2770　休月・火曜日（祝日を除く）・年末年始　▷JR貴生川駅からバス近江土山下車徒歩３分、新名神甲賀土山 ICから20分、または東名阪亀山 IC から20分　P普通車50台、大型車10台

白川神社《しらかわじんじゃ》

もとは牛頭天王社と称した。例年８月に行われる土山祇園は滋賀県の選択無形民俗文化財に指定されている。

☎0748-66-1101（土山町観光協会）

土山歴史民俗資料館《つちやまれきしみんぞくしりょうかん》

あいの丘文化公園内にあり、古くから交通の要衝として栄えた土山の「道」とのかかわりをベースに資料展示。斎王群行のパネルやケンケト踊りの映像などもある。

☎0748-66-1056　休月・火曜日・年末年始　▷JR貴生川駅からバス甲賀市役所土山支所下車すぐ、新名神甲賀土山 IC から15分、または東名阪亀山 IC から20分　P普通車200台、大型車６台

田村神社《たむらじんじゃ》

鈴鹿峠の鬼を退治したという伝説のある坂上田村麻呂を祀った神社。広大な深い樹林に囲まれ、大きな銅の鳥居をくぐると正面に舞殿が見え、その奥に拝殿と本殿がある。

☎0748-66-0018　▷JR貴生川からバス田村神社前下車すぐ、新名神甲賀土山 ICから10分　P普通車1000台、大型車可

万人講常夜灯《まんにんこうじょうやとう》

滋賀県側から鈴鹿トンネルに入る真上の山腹にある石灯籠。四国の金刀比羅宮の常夜灯として建てられ、金毘羅参りの道中と航海の安全を祈願した。重さ38t、高さ5.5m。

☎0748-66-1101（土山町観光協会）　▷JR貴生川駅からバス十楽寺下車徒歩10分、新名神甲賀土山 IC から15分、または東名阪亀山 IC から15分

道の駅あいの土山《みちのえきあいのつちやま》

観光や道案内はもちろんお土産・特産品販売コーナーには、甲賀市の東の玄関口にふさわしく、市内全域の物産が集まる。心落ち着く土山茶のサービスがあり、また、自転車の貸し出しも行なっている。

☎0748-66-1244　▷JR貴生川駅から車で20分、新名神甲賀土山 IC から10分、または名阪関 JCT から20分　P普通車32台、大型車９台

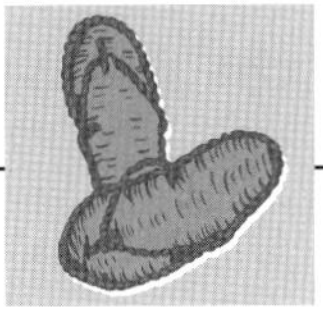

東海道を通った旅人

江戸時代、京都と江戸を結ぶ主要街道であった東海道。多くの人々が通っていった。

寛永11年（1634）7月、3代将軍徳川家光は3度目の上洛をするが、これが江戸時代初期に東海道を通った最後の将軍である。その後は、幕末まで将軍の上洛はなく、公用の通行としては、寛永12年（1635）の参勤交代の制が定められて以降、参勤交代の大名が往来。そのほか、長崎奉行や京都、大坂への幕府役人の往来などに用いられた。

しかし、この東海道は武士が通行するだけの街道ではなく、名もない多くの一般の旅人も通っていた。その目的は、伊勢への参詣や京都への本山詣り、商人の往来など、数多くの通行が見られた。一方で、東海道を通って行った文人なども近江の地に足跡を残している。

茶道や作庭で有名な小堀遠州は、元和《げんな》7年（1621）に江戸から京都への旅の途中、故郷の近江へ入り、水口《みなくち》では

水口を　苗代に見し近江路を
帰れば霜の　置くて田となる

と歌を詠んでいる。

『南総里見八犬伝』で有名な滝沢（曲亭）馬琴《ばきん》は、享和2年（1802）に東海道を旅しているが、6月27日に近江に入り、水口で洪水にあって数日間逗《とう》留《りゅう》を余儀なくされたことを『羇《き》旅漫録《りょまんろく》』に記している。また、江戸時代後期の画家であり思想家であった司馬江漢《こうかん》。天明8年（1788）に洋画を学ぶため江戸から長崎に向かうが、8月に近江に入り、土山から日野、蒲生《がもう》を経て、水口へ出て東海道を草津、大津と旅していることが「江漢西遊日記」（『日本庶民生活史料集成』）に綴られている。

このほか、幕末の志士清川八郎やドイツの博物学者シーボルトなどが通ったことが自身の日記に綴られている。また、草津宿本陣に残る「大福帳」には赤穂《あこう》事件で有名な「吉良上野《きらこうずけ》介《のすけ》」や「浅野内匠守《たくみのかみ》」、新選組の「土方歳三」、石部宿本陣には同じく新選組の「近藤勇」などの名がみえ、歴史の表舞台で活躍した人々も、ここ近江の地を通って行ったことがうかがえる。

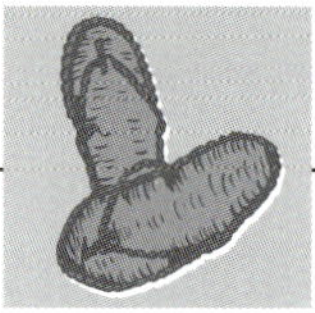

近江東海道のうまいもの

江戸時代、街道を行く旅人の楽しみといえば、行く先々で賞味する土地の名物。近江の東海道筋にも数々の名物や名産があった。

大津宿の手前、横木から逢坂《おうさか》山を越えるあたりには道中記などに「池のかハ針 大津絵 そろはん」と見え、みすや針、大津絵、大津算盤《そろばん》などを売る店が並んでいた。

大津算盤は、慶長17年（1612）に長崎奉行長谷川藤広に従って長崎にいた、ここ大谷町の片岡庄兵衛が明《みん》から渡来した算盤を日本で初めて製したと言い伝えられる。一方、大津絵は、寛永年間（1624〜1643）にまでさかのぼるとされ、当初は仏画を画題として描かれた。街道筋の土産として売られ、歌川広重の浮世絵などにも描かれている。

草津宿の南に位置する矢倉村。ここには立場《たてば》があり、歌川広重が浮世絵に描いた「うばがもち」を売る店があった。俳人向井去来はその餅屋に憩い、大田南畝《なんぽ》も餅屋に立ち寄り姥餅《うばがもち》の染付茶碗を見ている。うばがもちは、『伊勢参宮名所図会』によれば、近江源氏佐々木義賢《よしかた》が寛永期に誅滅《ちゅうめつ》された際に、3歳になる遺児を育てるために餅を売ったのが始まりとされているが、由緒については諸説ある。

このほか、草津宿では、文人をはじめ数々の人びとやものが

←大津絵

←うばがもち

行き交い、さまざまな文化が育くまれ、名所図会や浮世絵にも紹介された「石亭《せきてい》」には、弄石《ろうせき》家《か》だけでなく多くの人が訪れた。文化2年（1805）伊能忠敬《いのうただたか》も測量の途次、石亭収集の「名石、奇石数品」をみに木内《きのうち》宅に立ち寄っている。

さらに、街道を進み、草津と石部の間にあった六地蔵村の立場・梅の木には「和中散《わちゅうさん》」とよばれる道中薬が売られていた。腹痛や風邪などに効くとして名が知られ、ドイツ人医師シーボルトも、江戸へ向かう際実際に和中散などの薬を買い求めている。

石部《いしべ》宿では、近江の石灰が名産。そして、水口《みなくち》宿へ入ると葛《つづ》籠《ら》細工や刻み煙草を吸うための煙管など、特に携帯に便利なためみやげ物として珍重された。

土山宿では東幾野にお六櫛《ろくぐし》の看板をかかげて売る店が十数軒あったという。かさばらずに安価な櫛は、男女を問わず旅のみやげとなったようだ。

鈴鹿峠付近では蟹《かに》が坂飴《さかあめ》が売られていた。昔、鈴鹿峠に旅人を悩ませる大きなカニが住んでおり、高僧がこれを退治したときに甲羅が八つに割れてカニの血が丸く固まったのを、厄除けとして竹の皮に包んで村人に配ったという伝説がある。飴は、麦芽糖を煮て、冷やし固めたもので、直径1寸程度の平らな飴で、表面には畳表《たたみおもて》でつける模様があり、カニの腹のようにもみえる。現在も、田村神社前で売られている。

↑蟹が坂飴

近江東海道　宿場用語の基礎知識

本陣【ほんじん】　本陣は、江戸時代に街道を往来する大名や公家などが休泊した民営の大旅館のことで、その起源は、室町幕府2代将軍足利義詮《よしあきら》が上洛に際して、その旅宿を本陣と称したことに求められる。宿場の開設当初には設置されておらず、大名の求めに応じ、広大な屋敷を構える有力者が自宅を大名宿として提供していた。それが、寛永11年（1634）、3代将軍徳川家光の上洛に際して、大名宿の主人が改めて本陣職に任命されたのを契機に、各宿場に設置されるようになった。そののち大名の参勤交代が制度化され、その往来が恒常的になると、本陣は固定化し、代々世襲で受け継がれていった。また、大名家は、各宿場で休泊する本陣を決めていたため、その指定された本陣は「御定《おさだめ》本陣」と呼ばれていた。

近江東海道の本陣の場合、草津宿や石部宿、土山宿のように宿場の設置以前から土地の有力者が大名宿として提供していたもの、もうひとつは水口《みなくち》宿などのように将軍の移動に際して、休泊所となった御茶屋、御殿であったもの、これが江戸幕府の参勤交代の制度確立にともなって、本陣として定められた。

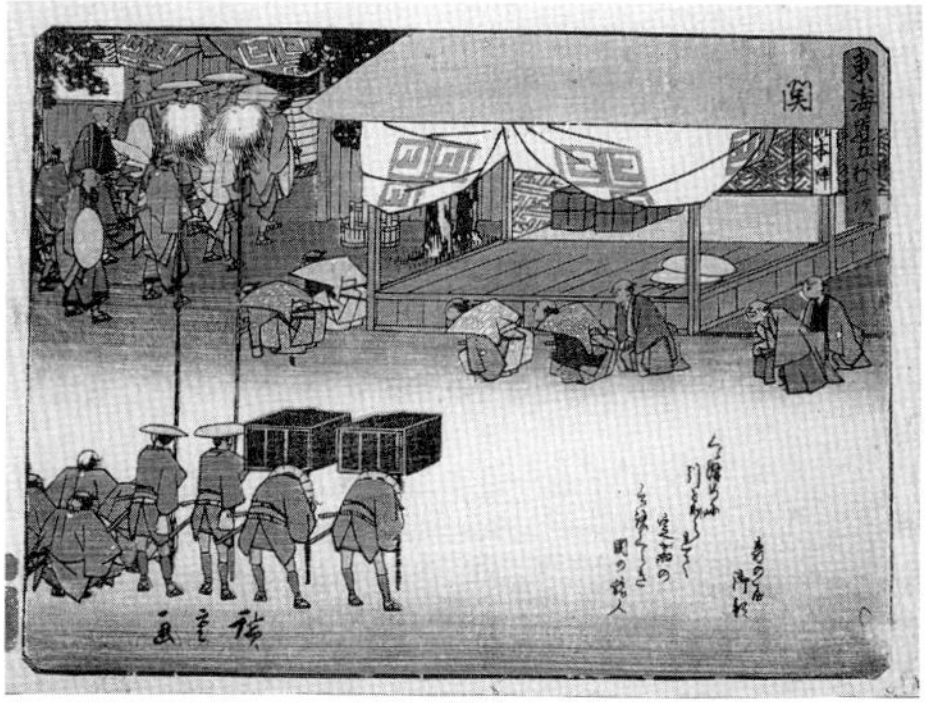
歌川広重画『東海道五十三次・関（狂歌版）』（草津市蔵）

本陣は、広大な敷地のなかに150～200坪程度の建物があり、門構え、玄関、上段の間が設えてあるのが特徴で、現在、草津宿と土山宿に本陣が残る。

脇本陣【わきほんじん】　江戸時代の宿場には数多くの宿泊施設が置かれていた。その中には大名が泊まる本陣・脇本陣から、一般の旅人が泊まる旅籠《はたご》屋まで、さまざまな種類のものがあった。本陣の陰に隠れて、見過ごされがちな脇本陣。これは、名の通り本陣の補助施設の役割を持っていた。大名や公家といった人々は、本陣に休泊するのが一般的だったが、宿泊日がかちあって泊まりきれない場合や、本陣に何か支障のある場合などに、脇本陣がその代わりを務めたのである。

　しかし脇本陣は、通常は一般の旅人の宿泊も受けており、旅籠屋としての営業も受け入れていた。この点では本陣とは異なっている。脇本陣は、本陣と同じように代々世襲で継いでいくものもあったが、その時々の大旅籠の中から選ばれたものもあった。

旅籠屋【はたごや】　旅をするのに絶対必要なものとしてあげるのは、江戸時代の旅人であれ路銀、通行手形とともに整備された街道や宿場であった。なかでも、見知らぬ旅人を受け入れてくれる宿泊施設は不可欠であったが、一般の旅人が泊まる宿には大きく2種類があった。自炊をして、その薪炭《しんたん》代を支払って泊まる木賃宿と、1泊2食付きの旅籠屋である。東海道筋の宿場では、旅籠屋数も、大津宿71軒、草津宿72軒、石部宿32軒、水口宿41軒、土山宿44軒などと、中山道やそのほかの宿場に比べて、その数も多く、宿場内に旅籠屋が軒を連ねていた。

歌川広重画『東海道五十三次・水口(狂歌版)』(草津市蔵)

　多くの旅籠屋が並ぶ宿場では、次第に宿泊客の取り合いが起こり、各旅籠屋では宿男宿女などといった客引きが、宿を通る旅人を引きとめたり、隣宿まで客引きに出かけたりしていた。

　このほか、旅籠屋の中には「飯盛女」を置くところもあり、客引きが熾烈化して、トラブルが起こる所もあった。

問屋場と貫目改所【といやばとかんめあらためしょ】　街道に息づく宿場町のたたずまいの持つ魅力は今昔を問わず、多くの人々の旅心をかき立てる。

　宿場は「宿」という文字のとおり、宿場には旅人の休泊施設が置かれていた。旅籠屋から本陣に至るまで数多くの宿屋の集積地であったが、宿場にはもうひとつ大きな役割があった。

　街道を往来するのは人間ばかりではなく、また街道は物資が往来する大動脈であった。したがって、宿場では行き来する大量の荷物をさばき、的確に輸送するといった機能も重要であった。この役割を担ったのが問屋場である。

問屋場は、荷物を次の宿場まで継ぎ送るための人馬の調達を行い、そこには問屋とよばれる宿役人が置かれて、宿駅業務の一切を取り仕切っていた。また、貫目改所では荷物の重量検査を行っていた。当時幕府の命によって、運搬荷物の重量が制限されていたため、街道の要所要所で、その重量を確認していたのである。問屋場は、大津宿、草津宿、石部《いしべ》宿、水口宿、土山宿と、各宿場に置かれていたが、貫目改所は東海道筋では草津、府中、品川の3ヶ所であった。

歌川広重画『東海道五十三次・石薬師（狂歌版）』（草津市蔵）

一里塚【いちりづか】 江戸幕府は日本橋を起点として全国の街道に一里塚を設置した。慶長9年（1604）のことである。この一里塚の設置は、大久保長安の指揮のもと行われ、10年ほどで完了した。一里塚にはエノキなどの木が植えられ、木陰で旅人が休息を取れるように配慮されていた。近江では中山道の今宿《いまじゅく》（守山市）に一里塚が残っているが、近江の東海道では一里塚が残っているところはない。しかし、かつて一里塚があったところには、現在もその目印として石碑などが建てられているところが多い。

六地蔵（栗東市）の一里塚跡

立場【たてば】 宿場と宿場の間や、険しい峠などにあり、そこには茶屋などの休憩施設が設けられていた。設置はそこを管轄する藩が設けたものや、周辺の住民の手で自然発生的に設けられたものがある。旅人が杖を立てて休んだことから立場とも呼ばれた。

近江では、大津宿と草津宿の間に設けられた鳥居川（大津市）、矢倉（草津市）、草津宿と石部宿の間の目川《めがわ》、六地蔵梅の木（栗東市《りっとう》）、石部宿と水口宿の間の夏見（湖南市）などが、浮世絵や名所図会に紹介されている。

中でも、六地蔵の梅の木などは、立場の規模も大きく、小休《こやすみ》本陣などが設けられて、間《あい》の宿《しゅく》などとも呼ばれ、参勤交代の一行なども休憩することもあった。

松並木【まつなみき】 江戸時代、一里塚の設置とともに、街道沿いに松を植えることを幕府は命じた。この松並木は、旅人に日陰を提供するとともに、埃《ほこり》除けや風除けの役目を果たした。周辺の村々では、この松並木の維持管理も担わされていた。近江の東海道では、粟津《あわづ》（大津市）や北《きた》脇畷《わきなわて》（甲賀市）、大野（同）に松並木が復元されている。

大野（甲賀市）の松並木

参勤交代【さんきんこうたい】 江戸時代、近江の東海道は多くの旅人が通っていった。その中には、社寺参詣の旅人や商人、幕府の公用の役人や大名など、さまざまな通行があった。

なかでも、諸国の大名たちは幕府が定めた参勤交代の制によって一定の期間、江戸と国許を往来しなければならず、この旅は多くの従者を引き連れて威容を示すものであった。

参勤交代の参勤は江戸への参府、交代は国許へ帰ることをいう。その際の行列の人数は、それぞれ大名家の石高によって決められており、たとえば加賀100万石前田家の行列が2500人、鹿児島の島津家でも1240人を数えたといわれる。

このような大行列を迎える宿場では膨大な休泊客を迎えるのに大わらわで、参勤の際には大名が本陣で泊まり、そのほかは宿内の旅籠屋や民家に分宿することになる。

2代歌川広重画『東海道・草津』（草津市蔵中神コレクション）

近江へ行く

※掲載データは2010年3月現在。事前に必ずお確かめください。

車で

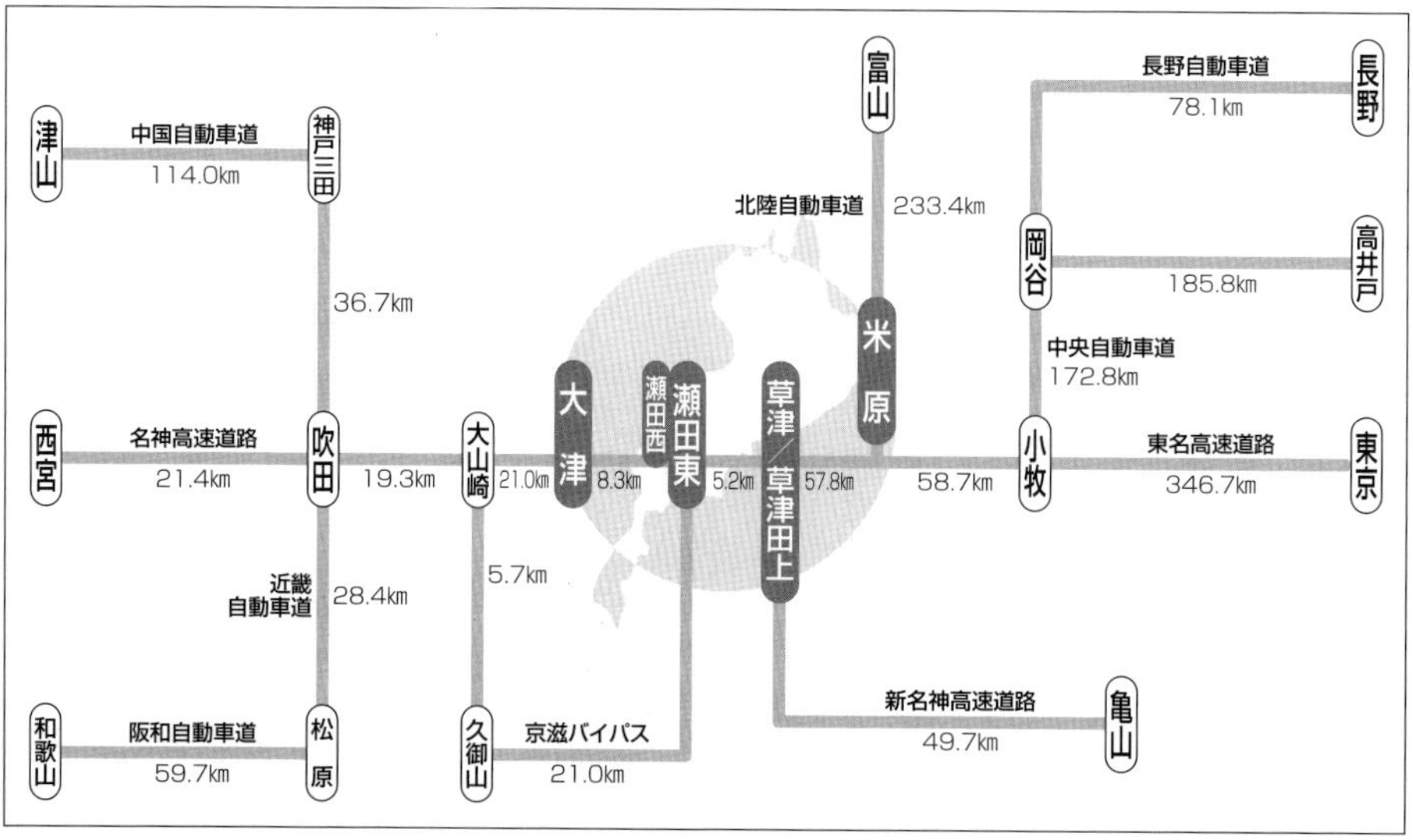

津山
中国自動車道
114.0km
神戸三田
36.7km
西宮
名神高速道路
21.4km
吹田
19.3km
近畿自動車道
28.4km
和歌山
阪和自動車道
59.7km
松原
大山崎
21.0km
5.7km
久御山
京滋バイパス
21.0km
大津
8.3km
瀬田西
瀬田東
5.2km
草津/草津田上
57.8km
新名神高速道路
49.7km
亀山
富山
北陸自動車道
233.4km
米原
58.7km
小牧
中央自動車道
172.8km
岡谷
185.8km
高井戸
長野自動車道
78.1km
長野
東名高速道路
346.7km
東京

電車で

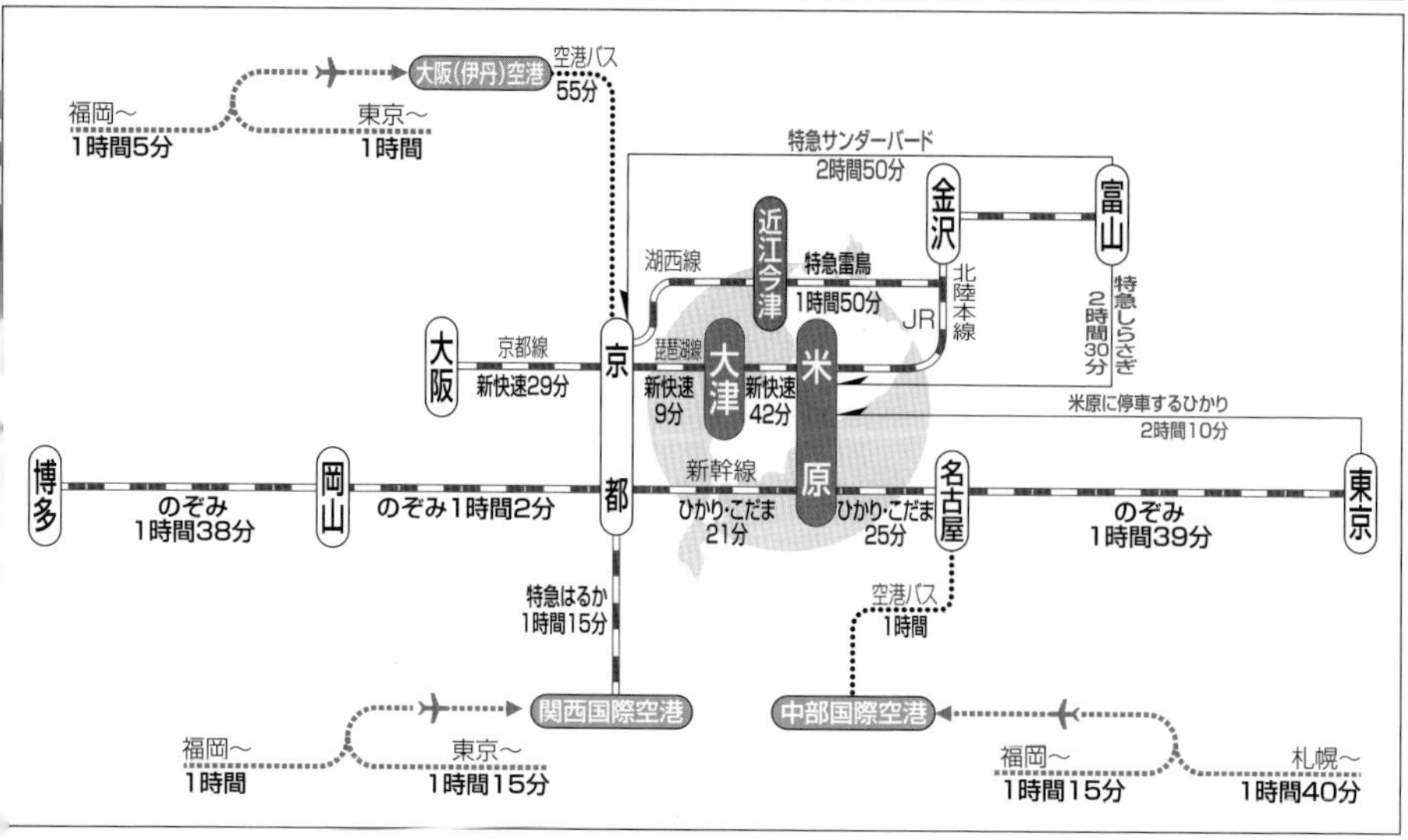

福岡～
1時間5分
東京～
1時間
大阪(伊丹)空港
空港バス
55分
特急サンダーバード
2時間50分
金沢
富山
近江今津
湖西線
特急雷鳥
1時間50分
JR
北陸本線
特急しらさぎ
2時間30分
大阪
京都線
新快速29分
京都
琵琶湖線
新快速
9分
大津
新快速
42分
米原
米原に停車するひかり
2時間10分
博多
のぞみ
1時間38分
岡山
のぞみ1時間2分
新幹線
ひかり・こだま
21分
ひかり・こだま
25分
名古屋
のぞみ
1時間39分
東京
特急はるか
1時間15分
空港バス
1時間
関西国際空港
福岡～
1時間
東京～
1時間15分
中部国際空港
福岡～
1時間15分
札幌～
1時間40分

移動する

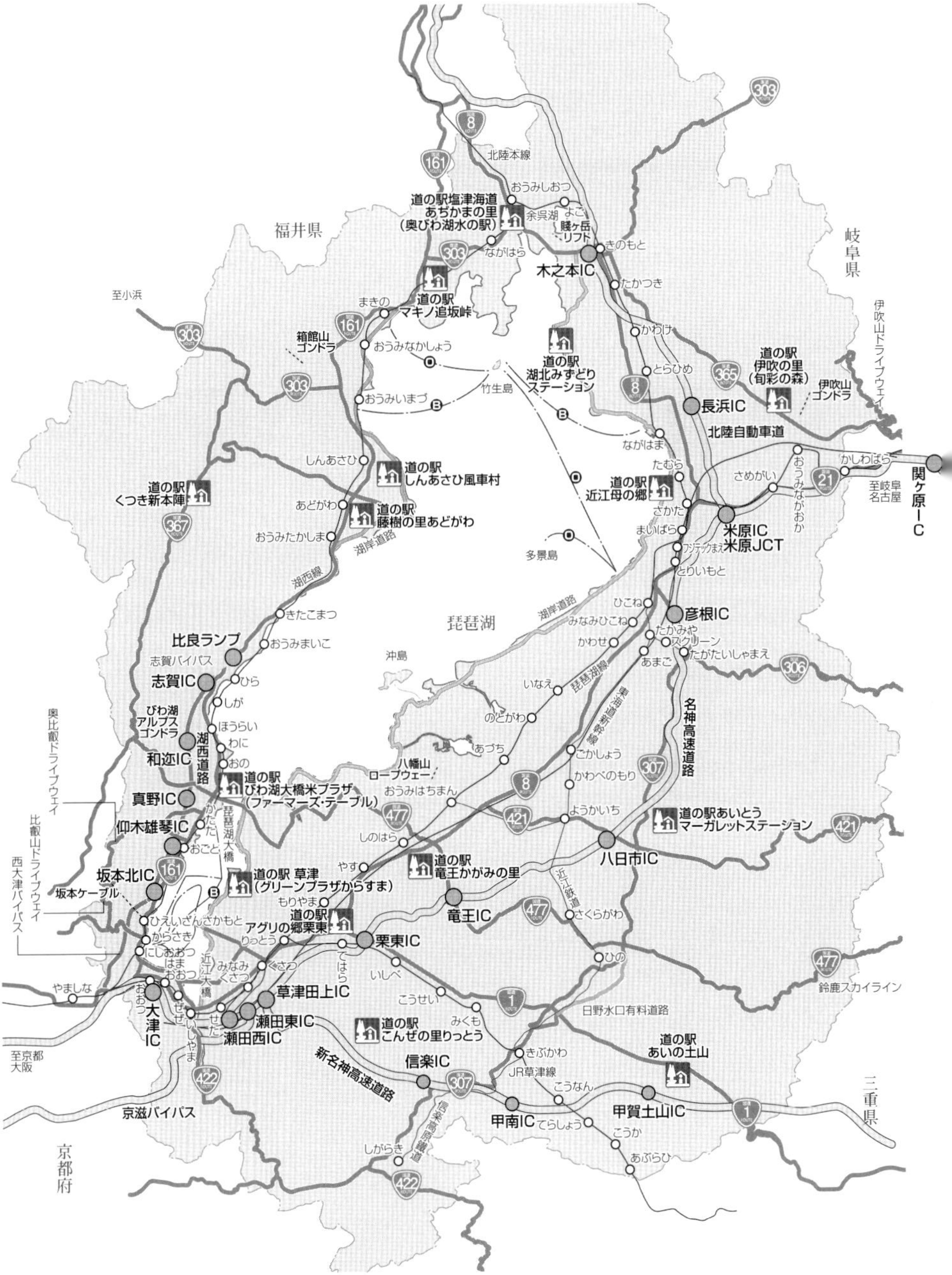

福井県
岐阜県
京都府
三重県
琵琶湖
竹生島
多景島
沖島
至小浜
至京都
大阪
至岐阜
名古屋
北陸本線
湖西線
琵琶湖線
JR草津線
近江鉄道
信楽高原鐵道
北陸自動車道
名神高速道路
新名神高速道路
湖西道路
湖岸道路
志賀バイパス
西大津バイパス
京滋バイパス
日野水口有料道路
鈴鹿スカイライン
奥比叡ドライブウェイ
比叡山ドライブウェイ
伊吹山ドライブウェイ
坂本ケーブル
琵琶湖大橋
近江大橋
箱館山ゴンドラ
びわ湖アルプスゴンドラ
八幡山ロープウェー
伊吹山ゴンドラ
賤ヶ岳リフト
余呉湖
道の駅塩津海道あぢかまの里（奥びわ湖水の駅）
道の駅マキノ追坂峠
道の駅湖北みずどりステーション
道の駅伊吹の里（旬彩の森）
道の駅しんあさひ風車村
道の駅くつき新本陣
道の駅藤樹の里あどがわ
道の駅近江母の郷
道の駅びわ湖大橋米プラザ（ファーマーズ・テーブル）
道の駅あいとうマーガレットステーション
道の駅竜王かがみの里
道の駅 草津（グリーンプラザからすま）
道の駅アグリの郷栗東
道の駅こんぜの里りっとう
道の駅あいの土山
木之本IC
長浜IC
米原IC
米原JCT
関ケ原IC
彦根IC
八日市IC
竜王IC
栗東IC
草津田上IC
瀬田東IC
瀬田西IC
大津IC
信楽IC
甲南IC
甲賀土山IC
比良ランプ
志賀IC
和迩IC
真野IC
仰木雄琴IC
坂本北IC
おうみしおつ
よご
きのもと
ながはら
たかつき
まきの
かわけ
おうみなかしょう
とらひめ
おうみいまづ
ながはま
しんあさひ
たむら
あどがわ
おうみたかしま
さめがい
かしわばら
おうみながおか
さかた
まいばら
フジテックまえ
とりいもと
ひこね
みなみひこね
たかみや
スクリーン
かわせ
たがたいしゃまえ
あまご
いなえ
のとがわ
あづち
ごかしょう
かわべのもり
おうみはちまん
ようかいち
しのはら
やす
もりやま
さくらがわ
ひの
りっとう
くさつ
てらは
いしべ
こうせい
みくも
きぶかわ
こうなん
てらしょう
こうか
あぶらひ
しがらき
みなみくさつ
せた
いしやま
ぜぜ
おおつ
はまおおつ
にしおおつ
からさき
ひえいざんさかもと
おごと
かただ
おの
わに
ほうらい
しが
ひら
おうみまいこ
きたこまつ
やましな
8
161
303
365
21
367
306
307
421
477
1
422

主な参考文献

児玉幸多編『近世交通史料集』四（東海道宿村大概帳） 1970 吉川弘文館
大熊喜邦『東海道宿駅と其の本陣の研究』（復刻版） 1979 日本資料刊行会
淡海文化を育てる会編『近江東海道』1996 サンライズ出版
アーネスト・サトウ『一外交官のみた明治維新』 1979 岩波文庫
大津市史編さん室『大津の道』 1985 大津市
木村至宏『近江の道標』 2000 京都新聞社
今井金吾『新装版 今昔東海道独案内』 1994 JTB出版
近江歴史回廊推進協議会『近江東海道中絵巻』
江竜喜之『近江路を歩いた人々』 2008 サンライズ出版

そのほか、県内の東海道沿いの市町が発行している市史および町史類を参考にさせていただいた。

協 力 者（敬称略）

撮　　影　辻村耕司

資料提供　豊橋市二川宿本陣資料館・草津市教育委員会・草津市立草津宿街道交流館・国史跡草津宿本陣・湖南市教育委員会・湖南市東海道石部宿歴史民俗資料館・栗東歴史民俗博物館・甲賀市市史編さん室・甲賀市水口歴史民俗資料館
田中文子・土山 洸

散策ガイド作成　淡海文化を育てる会

図版作成　サンライズ出版編集部

著者略歴：八杉　淳（やすぎ　じゅん）

佛教大学大学院文学研究科修士課程修了。

草津市史編さん室、草津市教育委員会文化財保護課専門員を経て、現在、草津市立草津宿街道交流館館長、国史跡草津宿本陣館長。

交通史研究会常任委員、近江地方史研究会運営委員。

主な著書に『宿場春秋』（角川選書・共著）、『近江の街道』（郷土出版社・共著）、『近江東海道』（サンライズ出版・共著）、『近江中山道』（サンライズ出版・共著）、『日本史小百科・宿場』（東京堂出版・分担執筆）、『近江の峠道』（サンライズ出版・共著）、『園城寺文書』第三～七巻（園城寺・分担執筆）、『近江の宿場町』（サンライズ出版）など。

近江 旅の本

近江東海道《おうみとうかいどう》を歩《ある》く

2010年5月10日　初　版　第1刷発行

著　者　八杉　淳

発行者　岩根順子

発行所　サンライズ出版
〒522-0004 滋賀県彦根市鳥居本町655-1
TEL 0749-22-0627　FAX 0749-23-7720

印刷・製本　P-NET 信州

ISBN978-4-88325-417-0　Printed in Japan

近江山辺の道

琵琶湖を囲む周囲の山々には、古くからの信仰が今に伝わる。「湖東山辺の道」と「比叡山と回峰の道」は歴史と文化を伝える信仰の道。

定価：１５００円＋税

近江万葉の道

石山寺、大津京跡、紫香楽宮跡、船岡山、雪野山古墳など……湖南から湖東にかけて連なる。『万葉集』に詠まれた故地を案内。

定価：１５００円＋税

近江商人の道

中世以来の伝統を基盤に、江戸時代から明治にかけて全国有数の豪商を輩出した湖東地域。往時の面影をとどめる道をたどりながら、近江商人の事績を紹介。

定価：１５００円＋税

淡海《おうみ》文庫6
「朝鮮人街道」をゆく
門脇正人 著

江戸時代、朝鮮通信使がたどった近江の約40㎞の道を「朝鮮人街道」と呼ぶ。彦根東高校新聞部が克明に調べたかつての道筋を解明。

定価：971円＋税

淡海文庫39
近江の峠道―その歴史と文化―
木村至宏 編著

琵琶湖をまんなかに美しい山なみに囲まれた近江には、多くの峠がある。38の峠道の特徴と、各峠が地域の歴史・文化の構築にどのようにかかわってきたかを紹介。

定価：1200円＋税

淡海文庫40
近江路を歩いた人々―旅日記にみる―
江竜喜之 著

道の国、近江にはいつの時代も旅人が行き交う。司馬江漢や貝原益軒、オランダ商館付医師にイギリス人外交官、彦根藩足軽の妻…その旅日記から彼らが目にした風物を紹介。

定価：1200円＋税

淡海文庫43
近江の宿場町
八杉 淳 著

皇女和宮が通った中山道は「姫街道」？「ずいずいずっころばし」と街道の関係とは？ 近江の宿場町の概要を詳述するとともに、人々のすがたや現在の様子も紹介。長年、草津宿街道交流館で近江の街道研究を続ける著者の渾身の著作。

定価：1200円＋税

近江旅の本
近江の商人屋敷と旧街道
NPO法人三方よし研究所 編

近江八幡、五個荘、高島、日野、豊郷…。旧街道沿いなどに残る商人屋敷を訪ね、そこから巣立った近江商人の業績をあわせて案内。多数のカラー写真とともに観光ガイドを充実させた決定版。

定価：1800円＋税

伊勢路に道しるべを訪ねて
武藤善一郎 著

江戸時代、伊勢参りは庶民に広まり、多いときには年間500万人も参拝したという。長年、街道と道標をつぶさに調べ、今なお歩き続けている著者が、消えたルートも交えながら案内する。街道ファン必見の一冊。

定価：1800円＋税